기독교문서선교회 (Christian Literature Center: 약칭 CLC)는 1941년 영국 콜체스터에서 켄 아담스에 의해 시작되었으며 국제 본부는 미국 필라델피아에 있습니다. 국제 CLC는 59개 나라에서 180개의 본부를 두고, 약 650여 명의 선교사들이 이동 도서차량 40대를 이용하여 문서 보급에 힘쓰고 있으며 이메일 주문을 통해 130여 국으로 책을 공급하고 있습니다. 한국 CLC는 청교도적 복음주의 신학과 신앙 서적을 출판하는 문서선교기관으로서, 한 영혼이라도 구원되길 소망하면서 주님이 오시는 그날까지 최선을 다할 것입니다.

추천사

윤 상 웅 _ 강원대학교 지질학 박사

나는 평생 사람이 하루아침에 변한다는 것은 불가능하다고 생각해왔다.
그러나 종교적 믿음으로 우리 교수님이 180도 변한 모습에 나의 고정관념은 깨져버렸고 나 또한 무관심했던 하나님을 믿기 시작하였다.
한편, 이 책은 그동안 성경과 관련된 핫이슈 및 궁금증을 지질학적인 관점으로 명쾌하게 해소해준다. 다른 저서와는 달리 과학적인 접근을 통해 성경에 대한 이해와 지식을 쌓는 데 큰 도움을 줄 것으로 기대한다.

전 우 현 _ 강원대학교 지질학 박사

중고등학교 학생부 시절에 과학과 성경은 분리된 줄 알았고 실제로도 교회에서 그렇게 배웠다. 지금 생각해 보면 담임 목사님이나 교역자들이 성경에 대해서는 해박했지만, 과학에 대해서는 성경만큼 잘 알지 못했던 것 같다. 대학부 때는 빅뱅 이론과 진화론을 주제로 성경적인 관점에서 해석하려 부단히 노력했지만, 어느 것 하나 명쾌하지 않았고 서로 타협하는 수준에 그쳤다. 답답한 마음에 진짜 전문가가 나타나서 정답을 알려주었으면 했지만, 성경을 이해하면서 전공지식을 갖는 교수님은 주위에 없었다.
하지만 시간이 흘러 지금은 다르다. 나의 지도교수님이기도 했지만 한평생 논문(연구)만을 위해서 사셨던 분이, 바울이 다메섹에서 하나님을 강권적으로 만났던 것처럼, 어느 날 갑자기 하나님을 만나 신앙생활을 시작하셨다. 모든 초점은 교수님이 아는 모든 과학적 지식으로 성경을 이해하고 해석하는 데 있었고 실제로 "성경은 과학과 상충하는 것이 아니다"라는 결론에 도달했다. 이로써 예전부터 간절히 원했던 진짜 전문가가 나타났다.
이 책이 성경과 과학 사이의 깊은 골을 연결해주는 교두보 역할을 했으면 한다.

** 감수

이명옥 목사(은혜비전교회 담임, 백석대신 총회 산하 전국여목회자연합회 대표 회장)

** 여기에 쓰인 여러 과학에 대한 설명과 성경 해석에 오류가 있다면 그것은 오로지 저자 자신의 무지에서 온 것으로 감수와 추천을 해주신 분들과는 무관함을 밝혀두는 바입니다.

지질학에서 하나님을 만나다

A Geology Professor Met the Lord
Written by Jinyong Lee
All rights reserved.
Korean Edition Copyright © 2019 by Christian Literature Center, Seoul, Korea

지질학에서 하나님을 만나다

2019년 2월 15일 초판 발행

지은이	이진용
편집	곽진수, 황마리아
디자인	전지혜
펴낸곳	(사)기독교문서선교회
등록	제16-25호(1980.1.18)
주소	서울특별시 서초구 방배로 68
전화	02-586-8761~3(본사) 031-942-8761(영업부)
팩스	02-523-0131(본사) 031-942-8763(영업부)
이메일	clckor@gmail.com
홈페이지	www.clcbook.com
송금계좌	기업은행 073-000308-04-020 (사)기독교문서선교회

ISBN 978-89-341-1929-6 (03230)

이 도서의 국립중앙도서관 출판예정도서목록(CIP)은
서지정보유통지원시스템 홈페이지(http://seoji.nl.go.kr)와 국가자료공동목록시스템
(http://www.nl.go.kr/kolisnet)에서 이용하실 수 있습니다. (CIP제어번호: CIP2019001469)

이 책의 저작권은 저자와 (사)기독교문서선교회가 소유합니다.
신저작권법에 의하여 한국 내에서 보호받는 저작물이므로 무단 전재와 무단 복제를 금합니다.

지질학에서
하나님을 만나다

이진용 지음

어느 날 갑자기 하나님을 만나 삶의 방향이 바뀐
지질학자의 신앙고백 이야기

CLC

목차

추천사
  윤상웅 _ 강원대학교 지질학 박사
  전우현 _ 강원대학교 지질학 박사

프롤로그   10

서론   무신론 지질학 교수가 왜?   13
1. 너무 무섭고 허무했다   13
2. 하나님께 길을 찾다   21
3. 회개하고 학생들에게 용서를 빌다   26

제1장   과학이란 무엇인가?   29
1. 과학이란?   29
2. 법칙(law)과 이론(theory)   32
3. 과학은 진실하고 선한가?   34
4. 과학자는 진실한가?   35
5. 그럼에도 불구하고 과학은 유효하다   37
6. 그러므로 과학은 전문 과학자에게 배우자   39
7. 우리가 과학을 할 수 있는 이유   42
8. 과학은 신이 없음을 증명하는가?   45
9. 과학 시대에 사람들은 더 과학적이며 합리적인가?   48

제2장 진화론 _____ 50

   1. 종의 기원   53
   2. 『종의 기원』 내용   58
   3. 자연 선택의 기작: 생존 경쟁   63
   4. 하나 혹은 소수의 생명체는 어디에서 온 것인가?   64
   5. 진화 vs 변이   66
   6. 현재는 진화의 종착역인가?   69
   7. 화석은 오랜 시간에 걸쳐 만들어지는 것이다?   72
   8. 중간 화석은 있는가?   77
   9. 현대의 진화론   82
   10. 진화론은 하나의 과학 이론이지 진리가 아니다   83
   11. 신화론 때문에 하나님을 안 믿고 또 교회를 떠난다고?   84

제3장 빅뱅 이론 _____ 88

   1. 중세의 우주론   89
   2. 빅뱅 이론의 대두   92
   3. 빅뱅 이론의 증거   95
   4. 빅뱅 이론의 한계   101
   5. 우주는 왜 불필요하게 광대한가?   103
   6. ET는 있는가?   109
   7. 화성에 생명체가?   116
   8. 지구는 평범?   119

제4장 동일 과정의 법칙 _____ 127

   1. 지층의 선후 관계   135

제5장 지구 나이 _____ 139

   1. 6천 년은 어디서 왔나?   141
   2. 45억 년은 어디서 왔나?   143
   3. 방사성 동위 원소 연대 측정   147
   4. 탄소 연대 측정   151
   5. 성숙한 지구론   153

제6장 노아 홍수 _____ 157

   1. 궁창의 물   158
   2. 깊음의 샘   161
   3. 그 많은 물은 어디로 갔나?   170
   4. 에베레스트의 화석   174
   5. 그랜드 캐년   177
   6. 딱딱한 암석이 휘어질 수 있는가?   181
   7. 석탄의 분포   186

제7장 물의 신비 _____ 188

   1. 물의 구조   191
   2. 물과 인체   193
   3. 익투스   197
   4. 대프리카   200
   5. 산천어 축제   203

제8장　피부 미인 _____ 206

   1. 라헬과 레아 　　　　　　　　　　　　　　　　　206
   2. 피부 　　　　　　　　　　　　　　　　　　　　209
   3. 셈, 함, 그리고 야벳 　　　　　　　　　　　　　210
   4. 멜라닌 　　　　　　　　　　　　　　　　　　　212
   5. 아롱진 것, 점 있는 것과 검은 것 　　　　　　217

제9장　만유인력의 법칙 _____ 220

   1. 뉴턴의 사과 　　　　　　　　　　　　　　　　222
   2. 몸무게 　　　　　　　　　　　　　　　　　　　224
   3. 블랙홀 　　　　　　　　　　　　　　　　　　　226

제10장　성경은 과학과 상충하지 않는다 _____ 229

결론　나의 신앙고백 _____ 231

   1. 왜 하나님이냐고? 　　　　　　　　　　　　　　231
   2. 왜 지질학인가? 　　　　　　　　　　　　　　　233
   3. 의심하다 　　　　　　　　　　　　　　　　　　234
   4. 질서로 가득 찬 우주 　　　　　　　　　　　　244
   5. 존재론 　　　　　　　　　　　　　　　　　　　246
   6. 매일 경험하는 은혜 　　　　　　　　　　　　　247

에필로그 　　　　　　　　　　　　　　　　　　　249
참고 문헌 　　　　　　　　　　　　　　　　　　 253

프롤로그

이 진 용 박사_강원대학교 지질학과 교수

2017년 8월 15일 나는 집 근처 교회에 내 발로 찾아갔다. 그리고 그해 11월 15일에 세례를 받았다. 형식상으로 보면 초스피드로 기독교인이 된 셈이다. 고등학생 때 누님의 간청에 따라 교회를 두어 번 가보았고 또 대학 다닐 때 친구가 마음에 둔 자매가 대학생 성경 공부방을 하는데 혼자 가기 어색하다고 같이 가 달라고 하여 두어 번 따라가 준 적이 있지만, 그것도 그 자매의 마음이 그 친구에게 있지 않다는 것을 확인한 이후로 갈 이유가 없어졌다.

오래전 내가 학생으로 다닌 대학교 본부 앞 잔디밭에서 이른 아침에 대학생 여럿이 둥글게 모여서 찬송을 부르며 기도하는 것을 보면서 '뭐 저런 이상한 사람들이 있나?' 하고 생각했다.

그동안 가끔 집으로 찾아오는 기독교 전도자들을 문전박대했다. 내 인생에 하나님은 없었다. 둘째 누님이 전해준 한글 성경은 집안의 어디에 처박혀 있는지 알지 못했다. 또 연구년으로 미국에 가게 되었을 때 보내준 NIV 영문 성경은 포장도 뜯기지 않은 채 비행기에 실렸다가 1년 후 그대로 비행기를 타고 한국으로 돌아왔다.

지질학자인 나로서는 별로 기독교를 믿을 만한 이유를 찾지 못하였고 또 기독교에 대한 반감도 많았다. 사실 횟수로 보면 절에 간 적이 더 많았다. 어릴 때 할머니를 따라 초파일마다 절에 갔고 수시로 치성을 드릴 때 따라갔다. 어머니와 다른 누님들도 나름 독실한 불교 신자기도 하고, 아버지가 돌아가셨을 때 절에서 스님이 주관해서 49제도 지냈다. 그때 나도 절을 많이 했다. 내가 아는 우리 집안 모두와 처가 쪽을 통틀어 기독교인은 둘째 누님 한 분이다.

기독교인은 예수님을 바라보지만, 불신자는 그런 기독교인을 바라보고 그들이 믿는 하나님을 판단한다. 언론을 통해 자주 고위직 기독교인과 대형교회 지도자들의 비행을 접하고는 이런 얘기를 듣는다.

"기독교인이 더해."

내 주변에 기독교인이 적지 않다. 그러나 미안하지만, 그들은 불신자들보다 더 착하지도 않고 더 양보하는 것 같지도 않고 더 희생적이지도 않다. 어떤 경우는 더 이기적이고 돈을 더 사랑한다. 그러니 사실 나는 그분들이 기독교인인 줄도 몰랐다. 더군다나 전도를 받지도 않았으니 알 기회도 없었다. 또 주변의 학생 중에도 꽤 기독교인이 있다는데, 나는 있는 줄 몰랐다. 우스갯소리로 이순신 신앙이라고 한다.

"내가 기독교인인 것을 적(친구)들에게 알리지 말라."

요새는 기독교를 비웃으며 '개독교'라고 한다. '고도로 발달한 소위 과학과 물질문명 시대에 눈에 보이지도 않는 하나님을 믿다니, 비이성적이거나 비합리적인 사람이다'라고 생각한다. 그래서 사회생활 하는 어른이나 학생이나 자기가 기독교인인 것을 잘 밝히지 않는다. 그런데 나는 그런 개독교인이 되었다. 그리고 기회가 있을 때마다 내 신앙을 밝힌다.

"이 박사가 아프더니 그렇게 되었구나. 그래 아무거나 믿고 낫기만 하면 되지."

이렇게 걱정을 해주신다. 감사하다. 맞다. 나는 아파서 약해져서 예수님, 하나님을 믿게 되었고 그게 부끄럽지 않다. 이 글은 내가 개독교인이 된 이유를 보여준다. 그리고 내가 공부하는 지질학이라고 하는 과학을 통해 이해하게 된 하나님의 창조세계를 설명하고자 한다.

오늘 살아있음에 감사드리며 나를 구원하신 예수님, 하나님께 영광을 돌린다.

서론

무신론 지질학 교수가 왜?

1. 너무 무섭고 허무했다

2017년 8월의 여름은 내게는 평생 느껴보지 못한 무더위였고 끝나지 않을 것 같은 긴 어둠의 터널과 같았다. 어쩌면 실제로 그해 여름이 다른 해보다 더 더웠을 수도 있고 또 점점 더워져 가는 지구 온난화 때문이었는지도 모른다. 그렇지만 내게는 너무나 특별했고 마치 그 여름에 내 모든 삶이 끝날 것 같은 악몽 같은 시간이었다. 죽지 않은 것이 이상할 정도이다. 죽음과 같은 느낌을 너무나 생생하게 경험하였기 때문이다.

2007년 강원대학교 지질학과에 조교수로 부임한 이래 나는 학문적 업적을 이루기 위해 엄청난 노력을 하였다. 술도 자주 많이 마셨지만 그런 날에도 으레 연구실에 아침 일찍 나와 논문을 쓰고 있었다. 또 학생들과의 활동도 매우 치열했다. 이 말은 교수에게는 긍정적일지 몰라도 대학원생들에게는 수많은 인간적 비난, 모멸감 그리고 연구 실적 압박을 의미하였다.

내 교수 생활 시작은 강의, 논문 쓰기, 학과 일, 학생 지도 등에 할 수 있는 최고의 악과 깡으로 임했던 것 같다. 늘 목소리는 높았고 언제나 상기되어 있었고 행동은 매우 공격적이었다. 그 결과 학교의 교수 업적 평가에서 늘 최상위 등급을 받았다. 그래서 나는 뿌듯했다.

2014년 7월에서 2015년 6월까지 1년 동안 나는 연구년을 맞아 미국 콜로라도대학교 지질과학과를 방문하였다. 대학교 내 교수아파트에 자리를 잡았다. 난생처음 해보는 미국 생활이라 두렵고 우여곡절도 많았다. 그럭저럭 헤쳐 나가는 과정에서도 연구와 논문 쓰기는 그치지 않았다.

또 미국에 있으면서도 한국에 인터넷 전화를 하여 대학원생들 닦달을 멈추지 않았다. 초등생인 아들의 등하교 뒷바라지와 식사 준비는 매우 힘들었다. 그래도 아빠로서 보람 있었다. 사실 생활 장소가 춘천이 아니고 콜로라도라는 것 그리고 강의(수업)가 없다는 것 빼고는 논문 쓰기, 학생 지도, 온라인으로 하는 학회 봉사 등 별반 바뀐 것 없이 바쁘게 살았다. 그래도 담배와 술로 잘 버텼다.

1년을 무사히 마치고 한국으로 돌아와 일상의 생활이 다시 시작되었다. 쉬다 왔다고 해서 학과에서 맡긴 일도 열심히 했다. 성과가 있어서 선배 교수님들의 칭찬도 많았다. 그러나 그동안 너무 많은 술과 담배로 인해 치아에 문제가 생겼다. 원래도 좋지 않은 치아이긴 하였으나 너무 돌보지 않아서 상당 기간 임플란트 치료를 받았다. 자책도 많이 하였다. 치과 치료를 받는 과정에서 음식을 잘 씹지 못하여 자주 끼니를 거르거나 죽을 먹기도 하였다. 그러나 치아 치료가 끝나갈 즈음 또 다른 병이 생겼다. 속쓰림이었다. 중년의 아저씨들에게 흔히 있는 병이라고 하였다.

그러나 아침저녁으로 어떤 경우는 온종일 참을 수 없는 고통이 와서 K 대학병원에 가서 검사를 받았다. 위내시경을 했는데 별다른 이상이 없다고 하였다. 신경성인 것 같다고. 그래도 약을 처방해 주어서 한두 달을 먹었다. 그러나 차도가 없었다. 어떤 때는 너무 힘들어서 속 쓰림을 잊으려고 온종일 걸었다. 다시 잘한다는 개인병원에 갔다. 거기서도 약을 타서 한두 달을 먹었다. 역시 차도가 없었다. 그 사이 누님들과 졸업한 제자들이 좋다는 민간약을 보내와 먹었지만 역시 별 효과가 없었다.

다시 H 대학병원에 갔다. 역시 내시경 검사를 했는데 별것 없다고 하였다. 여기서도 몇 달 약을 먹다 도저히 안 되겠다 싶어 이젠 서울의 큰 S 병원에 가서 위내시경과 대장내시경을 하였다. 그러나 의사 선생님의 단호한 말씀이다.

별거 없습니다. 운동 많이 하시고 마음을 편안하게 가지시고 행복하게 사십시오. 못 참겠으면 그때 다시 오십시오.

그러는 사이 2016년 초에 시작한 치과 치료로부터 1년 반이 훌쩍 지나 2017년 1학기가 끝나고 여름방학이 되었다. 여러 병원을 전전하는 난리를 피우는 사이에 어느 순간 속쓰림이 거짓말처럼 사라져 버렸다. 그러나 이때가 바로 치명적 순간이었다.

2017년 8월 어느 날 죽음의 공포가 밀려왔다. 어느 순간 마치 어둠 속에서 전등 스위치가 들어온 듯 내가 언젠가 죽는다는 사실이 인식되었고 피할 수 없는 공포로 다가왔다. 한번 각인된 인식은 심연으로 빠져들었다.

죽으면 이 모든 것이 무의미해지고 나를 기억하는 이도 없고 설령 기억하는 이가 있어도 그 기억하는 이조차 죽을 테니 무슨 소용인가?

너무 두려웠다. 모든 것이 의미가 없었다. 그렇게 매달렸던 연구도, 논문도, 출세도, 가족도.

죽음을 피할 수 없다는 것이 무서웠다. 나뿐만 아니라 모든 사람이 다 죽는다는 것이 더욱더 무서웠다.

이런 생각이 미치니 온몸에 힘이 다 빠져나가는 것 같았다. 삶이 무의미하게 느껴졌다. 밥을 먹으려고 하다가도 이런 생각이 들었다.

'어차피 죽을 것을 왜 먹어야 하나?'

식은땀을 흘렸다. 순가락을 든 손이 떨리고 결국 그것을 떨어뜨렸다. 죽음에 대한 생각을 피하고자 안간힘을 다해 아파트 주변을 계속 걸었다. 그러나 생각을 멈추는 것은 불가능하다는 것을 알았다. 생각할수록 현실은 더욱 뚜렷하게 다가왔다. 인간이 죽을 수밖에 없는 운명인 것이 너무나 슬펐다.

나의 이런 사정과 무관하게 학교에서는 연락이 오고 소속 학회에서도 할 일은 있었다. 학생을 지도하고 성적을 내고 논문을 쓰고 학회 일을 하는 것이 무슨 의미인가 어차피 죽을 텐데. 그것은 피할 수 없는 내 인생의 파산 선고였다.

저녁이 되면 더욱 두려웠다. 죽음의 생각이 자꾸 떠올랐다.

"어차피 죽을 텐데 그냥 지금 죽자!"

나도 모르게 아파트 9층에서 떨어질 것 같아 더운 여름인데도 베란다 쪽 유리문을 꼭 닫고 누워 있었다. 가족도 누구도 도움이 되지 못한다는 생각에 어디에 연락할 생각을 하지 못하였다. 모든 것이 다 허무하였다. 삶도, 가족도, 사랑도, 직장도, 모든 것이.

밤낮으로 생각을 떨치기 위하여 아파트 주변을 걷다가 노인을 만날 때면 생각했다.

'이 분은 곧 죽겠지.'
지나가는 어린 학생을 보아도 역시 마찬가지였다.
'이 학생은 자기가 죽을 줄 모르나?'
늘 이런 생각만 하였고 그때마다 하염없이 눈물이 흘렀다. 집 근처에 새로 생긴 유리 벽으로 된 투명한 호프집에 여러 명이 둘러앉아 생맥주를 마시며 정말 환하게 웃고 있는 직장인들을 보았다. 너무 이상했다.
'저 사람들은 자신들이 죽을 줄을 모르나?'
'어떻게 저렇게 태연하게 웃을 수가 있지?'
멍하게 그 사람들을 슬픈 눈으로 쳐다보기를 오랫동안 하였다. 마치 나만 빼고 모든 사람이 죽지 않는 것처럼 혹은 죽을 것을 모르는 것처럼 살고 있었다.
그러나 너무나 다행하게도 나는 나를 죽일 용기가 없었다. 대신 어떻게든 살기 위하여 왜 인간이 죽어야 하는지 그리고 죽음 후에는 무슨 일이 있는지 혹은 구원은 있는지를 찾기 시작하였다. 앓아 드러누워 스마트폰으로 며칠을 밤낮없이 찾았다. 인터넷에는 여러 가지 많은 정보가 있었다.
불교도 있고 천주교도 있었고 여러 종교와 철학도 많이 나왔다. 또 사회적 물의를 빚은 이단에서 영생을 주장하는 것도 더러 있었다.
"어떻게 하면 살까, 삶에 의미가 무엇일까, 어디서 구원을 얻을까?"
이 질문에 답을 얻으려고 집중해서 그동안 배운 인문사회 그리고 자연과학적 지식을 총동원하여 평가하였다. 키워드로 찾아진 많은 문건, 유튜브 영상 등을 빠르게 읽고 듣고 말이 되는지 이성적이고 논리적인지 판단하였다. 그저 선동적인 것만은 아닌지도 평가하였다.
물론 기독교도 있었다. 그러나 그때까지 살면서 너무도 부정적인 얘기를 많이 듣고 그로 인해 무언지 모를 반감을 품던 터라 냉소적인 마음으로 인터넷 글과 유튜브를 보게 되었다. 그런데 눈에 띄는 한 구절이 눈에 꽂혔다.

> 죄의 삯은 사망이요 하나님의 은사는 그리스도 예수 우리 주 안에 있는 영생이니라 롬 6:23

사망과 영생이라 내가 찾아 헤매던 두 단어를 하나의 문건에서 발견하였다. 희망이 보였다. 그래서 죄의 삯이 사망이라는 말에 연결되는 여러 글을 찾았다. 왜 사람이 죽게 되었는지 설명이 있었다. 그것은 아담과 하와가 하나님이 금지한 선악을 알게 하는 나무의 열매를 먹은 까닭이었다(창 2:17). 그리고 이런 죄와 사망 이야기는 소위 신약성경에 여러 차례 언급되었다(롬 5:12, 14, 17; 6:16, 23; 고전 15:21; 약 1:15).

> 그러므로 한 사람으로 말미암아 죄가 세상에 들어오고 죄로 말미암아 사망이 들어왔나니 이와 같이 모든 사람이 죄를 지었으므로 사망이 모든 사람에게 이르렀느니라 롬 5:12

"아! 이거구나!"
"이래서 사람이 죽게 되었구나!"
이젠 문건을 보고 누님이 준 NIV 성경(한글도 병기)을 같이 찾게 되었다. 내 눈으로 그런 구절이 있는지 확인하고 싶었다. 그랬다. 그런 구절이 있었다. 그 사망에서 빠져나오는 방법에 대해서도 성경은 얘기하고 있었다(요 5:24; 롬 5:17, 21; 8:2; 고전 15:21; 고후 1:10; 딤

후 1:10; 약 5:20; 요일 3:14; 계 21:4). 얘기인즉 예수님이 범죄한 우리를 위하여 십자가에 돌아가셨기 때문에 그분을 믿기만 하면 사망에서 영생으로 옮겨진다는 것이었다. 한번도 성경을 공부해본 적이 없었기에 다 이해하지는 못하였다.

그러나 신기한 것은 이런 말도 안 되는 이야기가 말이 된다고 또 합리적이라고 믿어진다는 것이었다. 주위에 누가 없어서 망정이지 솔직히 믿어진다는 사실이 창피했다.

최초의 조상이 저지른 죄로 인하여 죽는다는 사실이 억울했다. 또 나는 사실 그렇게 죄지은 것도 별로 없다고 생각했다. 내 월급에 지나치게 매월 기부도 하고 있었고 웬만하면 사람들의 청을 들어 주었다. 몸과 마음이 피곤하고 괴로워도 학교나 학회의 일도 솔선수범하여 잘 하였다. 그런데 나와 아무런 상관도 없다고 생각한 예수님이 죽으셨다는 사실에 그저 눈물이 흘렀다.

"아! 이런 창피한 일이 있나!"

하염없이 흐르는 눈물 속으로 지난 내 삶에서 내가 저지른 셀 수 없는 범죄가 떠올랐다.

"이를 어찌한단 말인가?"

가족에게 화냈고 진정으로 사랑하지 않았고 술에 취했고 음란하였으며 학생에게 친절하지 않았고 소리 질렀고 동료를 비난하였고 약한 자에게 거만하고 무례하였다. 무슨 머리가 좋아 그렇게 많은 수의 가지가지 범죄가 생각이 나는지 신기하기만 하였다.

그때 알았다. 내가 죽는 것은 아담과 하와의 죄가 아니라 내 죄 때문임을.

이젠 확실해졌다. 내가 왜 죽는 줄 알았다. 육체적 죽음은 어쩔 수 없지만 어떻게 구원받는 줄도 알았다. 예수님 그분이 나를 위해 죽으셨다

로마서 1:20 "창세로부터 그의 보이지 아니하는 것들 곧 그의 영원하신 능력과 신성이 그가 만드신 만물에 보여 알려졌나니 그러므로 그들이 핑계하지 못할지니라." 자연은 하나님께서 자신을 드러내 보이신 계시 중 하나이다. 자연에 드러난 하나님의 미적 감각은 감히 인간이 상상하기 어렵다.

는 것도 알았다. 그런 얘기들이 성경이라는 책에 빼곡히 적혀 있었다.

밤낮없이 성경과 관련된 유튜브 영상을 정말로 미친 듯이 읽고 보았다. 고3 이후로 이렇게 뭔가를 열심히 공부한 적이 없었던 것 같다. 그리고 이제는 말도 안 되게 내가 알고 있는 과학지식이 하나님이 계심을 더 잘 알려주는 것 같았다.

이 세상의 많은 다양한 생명과 광대한 우주의 엄청난 질서가 우연히 자연적으로 생겼다는 것이 더 믿음을 요구하였다. 초월자이신 하나님이 창조하셨다는 것이 더 합리적이고 더 쉽게 믿어졌다. 어느 순간 이것이 인식되고 믿어진다는 사실이 더 신기했다. 이젠 마지막 확인과정을 거쳐야 했다.

2. 하나님께 길을 찾다

길을 찾아 헤매는 중에 두려움, 공포, 우울감은 최고조에 달했다. 특히 밤에는 정말로 견디기가 어려웠다. 그런데 예수님께 해답이 있을지 모른다고 생각하니 누군가에게 이에 관한 얘기를 듣고 싶었다. 사실 언제 자신을 죽일지 모른다는 두려움에 하루라도 빨리 교회에 가서 사람을 만나 뭔가 확실한 얘기를 듣고 싶었다.

그래서 집 근처에 있는 교회를 검색해 보았다. 집 주변에 4개의 교회가 있었다.

'이런 조그만 동네에 교회가 많기도 하네.'

나는 교단이 무언지 특별히 아는 것도 없었으므로 일단 아무 곳에나 가보자고 힘겹게 몸을 끌고 집을 나섰다.

첫 번째 교회, 아담하게 생긴 고풍스러운 교회였다. 교회 입구에 서서 문을 열었는데 닫혀 있었다. 몇 번 시도했지만, 요지부동, 초인종도 보이지 않았다. 예배를 안내하는 광고판을 보았다. 어제가 일요일이니 오늘은 쉬나 보다. 혹시나 목사님이나 교회 관련된 분들이 지나가지 않을까 싶어 십여 분을 서성이다 발걸음을 돌려 다음 교회로 갔다. 두 번째, 세 번째 교회도 마찬가지. 네 번째 교회는 조금 교단이 달랐고 이전에 본 세 교회보다 비교적 최근에 멋있게 지은 교회였다.

교회 문 앞에 우편물이 떨어져 있고 굳게 닫혀 있었다. 문을 흔들어보고 또 안내된 전화번호로 전화를 해도 응답하지 않았다. 예배 안내를 보면 모든 교회가 일요일에 예배하고 월요일은 피곤해서 좀 쉬나 보다 하고 발길을 돌렸다. 마음이 무겁고 매우 아쉬웠다.

밤새 잠을 자지를 못하고 또 성경과 관련된 동영상을 열심히 보았다. 아침이 되어 다시 교회 찾기 순례를 시작하였다. 첫 번째 교회에서 누군가 지나가기만을 기다리고 있는데 중년의 부부인 듯 보이는 분들이 보이길래 목사님 부부나 혹은 교회 관련 분들일지도 몰라 기대를 하면서 기다렸지만 가련한 몰골의 내 곁을 휙 지나쳤다.

다른 세 교회도 여전히 굳게 닫혀 있다. 안내된 대로 전화를 해도 전화를 받지 않았다. 수요일, 목요일, 금요일에도 마찬가지였다. 사실 하루에 한 번만 간 것이 아니다. 그즈음 신경정신과 치료를 받고 있어 의사 선생님이 반드시 하루에 30분 이상 걷고 햇빛을 보라고 하여 아침, 점심, 저녁 세 번 이상 걷기 운동을 하였고 그때마다 교회 문을 두드리는 일을 반복하였다. 그래도 교회들은 굳게 닫혀 있었다.

이런 식으로 5일을 보낸 토요일에는 거의 죽을 지경이었다. 화가 나기도 하였다.

'도대체 이놈의 교회들은 하는 거야 마는 거야.'

누가 말했지 한 영혼이 천하보다 귀하다고. 개뿔. 전도 받은 것도 아니고 이렇게 스스로 교회를 찾아 하나님을 믿겠다고 하는데 아무도 열어주지 않았다. 그것도 나같이 많이 배운 과학자가, 교수가 믿겠다는데(교만하게도). 마음에 '정말 하나님이 있는거야' 하는 생각이 들었다.

교회 앞에서 마음으로 기도 같은 것을 하였다.

'제발 하나님이 계시면 제 앞에 교회 누군가라도(목사, 장로, 전도사, 집사, 성도) 나타나게 해주세요.'

나는 정말 간절했다. 그러나 아무도 나타나지 않았다. 다리에 힘이 하나도 없었다. 절망했다.

일요일은 초주검이었다. 희망으로 보였던 교회도 나에게는 닫혀 있었다. 몸져누워 하염없이 눈물만 흘렸다.

'일요일은 설마 하겠지.'

그러나 한발짝도 내디딜 힘이 없었다. 숟가락을 들 힘도 없었다. 저녁이 되었는데도 너무 더웠다. 열대야라고 한다. 그런데 갑자기 꼭 9층 아파트에서 내가 뛰어내릴 것 같은 생각이 들었다. 어떻게 이런 생각은 또렷하기만 한지. 정신과 몸이 분리되는 듯한 느낌이 들었다.

'와! 올여름은 참 덥기도 하다.'

오늘이 나의 마지막 날인가 보다. 특별한 것 없던 내 길지 않은 삶이 주마등처럼 스쳐 지나갔다. 그런데 순간 생을 마감하기 전에 교회를 다니는 둘째 누님한테 전화를 한번 해보기로 했다. 어떻게 그런 생각이 들었는지 모른다. 스마트폰을 들 힘도 없어 소파에 올려놓은 채 통화를 눌렀다. 전화통을 잡고 2시간 가까이 울었다. 누님은 그다음 날 새벽차로 춘천으로 올라왔다.

월요일부터 누님에게 이끌려 함께 다시 교회 찾기 순례를 했다. 여전히 교회들은 닫혀 있었다.

"아! 주일 외에는 교회가 안 하나 보구나."

누님이 교회로 전화를 해보았지만, 전혀 받지 않았다. 집으로 돌아왔다. 8월 15일 광복절 휴일 화요일에 다시 찾았지만 허탕이었다. 누님이 인터넷으로 교회를 찾다가 우리 아파트와는 동네가 다른 육교 건너편에 교회를 하나 찾았다. 교회로 전화를 했는데 목사님이라는 분이 받았다. 춘천에 안 계시고 서울에 볼일이 있어 가셨다고 한다. 다행히 교회 전화와 착신 전환을 해놓아 받으신다는 것이었다. 그런데 만나는 것은 그다음 날 수요일에야 가능하다는 것이었다. 그래서 수요일에 만나기로 약속하고 전화를 끊었다.

오후 늦게 걷기 운동을 나갔다. 한번도 육교를 건너 다른 동네를 가본 적은 없지만, 그냥 발걸음이 우리를 육교 넘어 내일 약속한 교회 쪽으로 이끌었다. 교회가 가까워지는데 어떤 자상하게 생기신 분이 교회 앞에서 서성이고 있었다. 목사님이셨다. 누구를 기다리셨는지 친교실에 차가 두 잔 준비되어 있었다. 우리는 내일 약속이라 그날의 만남은 기대하지 않았다. 목사님은 어떤 다른 분이 오신다고 하여 기다리고 있던 참이라고 했다.

그런데 그분은 오시지 않고 대신 우리가 온 셈이다. 친교실에 앉자마자 나는 하염없이 눈물을 흘렸다. 창피한 줄도 모르고. 거기 있던 티슈 한 갑을 다 썼던 것 같다. 실컷 울고 나서 나는 두 가지를 물었다.

"목사님은 하나님을 믿으세요?"

"천국이 있습니까?"

목사님은 목사에게 그런 질문을 하는 것이 당혹스러우셨지만 그렇다고 하셨다. 그럼 되었습니다. 그랬다. 나는 그렇게 하나님을 믿게 되었다.

누님과 집으로 돌아왔다. 당장 공포와 우울증이 없어진 것은 아니지만 그래도 힘이 생겼다. 수십 년 동안 의지적으로 하여도 되지 않았는데 술, 담배를 끊었다. 사실 끊은 게 아니라 끊어졌다. 세상의 TV, 영화 모든 것을 끊었다.

나는 교수가 되고도 전공이 아닌 일반 책을 좀 많이 읽는 편이다. 그래서 사회적으로 쟁점이 되는 책은 꼭 학교 서점이나 인터넷 서점에서 주문해서 읽었다. 그러나 하나님을 믿은 이후, 나를 아프게 한 리처드 도킨스의 『만들어진 신』, 유발 하라리의 『사피엔스』와 『호모 데우스』를 버렸다. 정확히는 누님 다니는 교회의 교육 목사님께 보내버렸다.

그리고는 수요예배, 목요일에 하는 성경공부 그리고 주일예배에 열심히 참석하고 있다. 예전에 담배를 여러 번 끊으려고 했는데 그때마다 무슨 낙으로 사나 계속 실패를 했는데 이젠 안 피고도 살아지는 게 신기했다. 아들에게 예수님을 믿고 같이 교회에 갈 것을 권유해 보았다. 아들이 말했다.

"아빠 나 중2야."

그러게, 중2도 안 믿는 하나님이 내가 믿어진다는 게 놀라웠다. 나중에야 그것이 하나님의 은혜인 줄 알게 되었다.

리처드 도킨스의 만들어진 신 유발 하라리의 『사피엔스』와 『호모데우스』 그리고 스티븐 호킹의 『위대한 설계』는 나에게 많은 아픔을 주었다. 인간이 아무런 목적도 없이 저절로 생긴 것이라면 그 어디에서도 그 존재의 가치를 찾을 수 없다. 이때는 찾지 못해 버리지 못한 『위대한 설계』는 아직 내 책장에 있다. 그러나 봐도 겁나지 않는다.

3. 회개하고 학생들에게 용서를 빌다

　참으로 신앙의 힘은 대단하다. 내가 예수님, 하나님을 믿고 나서 나 자신도 놀라울 정도로 마음이 변화되었다. 내가 하나님께 지금까지 살면서 저지른 수많은 죄에 대하여 나열하고 회개를 하였다. 사실 그 많은 죄가 생각난다는 것이 신기했다. 그리고 그걸 보고 계셨다는 것이 창피했다. 외면적으로 드러나는 것을 창피하게 생각했지 마음에 있는 것은 다들 감추면서 마치 고상하고 착한 척하고 살지만, 하나님께는 그 모든 것이 드러나는 것이다.

　내가 내 죄를 고백하고 나서 제일 먼저 한 것은 내 연구실의 학생들에게 사과하고 용서를 빈 것이다. 석사 및 박사 과정 여섯 학생 모두를 불러 공개적으로 내가 크리스천이 되었음을 말하고 그동안 했던 많은 죄에 대하여 사과를 하였고 연구실을 천국으로 만들지는 못해도 지옥이 되지는 않게 하겠다고 약속을 하였다. 또 한 명씩 개별적으로 불러 구체적으로 잘못한 행동과 말에 대하여 사과를 하였다. 이미 졸업한 대학원생들에게는 용서를 구하지 못한 게 미안하다. 언젠가 할 수 있을 것이다. 마음으로 기도로 죄의 용서를 빌었다.

　삶의 가치관이 바뀌었다. 제일 중요한 것이 사랑이라고 한다. 나는 이제 연구 실적을 내지 못하는 학생에게 비난하거나 압박하지 않는다. 사랑의 마음으로 진심으로 걱정해 주고 잘 될 거라고 격려한다. 웃긴 게 이 사랑한다는 말이 예전에는 닭살 돋아서 가족에게도 못했는데 이제는 우리 학생들에게도 잘 한다. 정말로 사랑하고 잘 되었으면 하고 바란다. 연구적으로 생활적으로 그리고 경제적으로 내가 도울 수 있는 일이 있으면 하려고 최선을 다한다.

　예수님이 하셨던 것처럼 섬기는 삶이 되어야 하는데 그래도 나는

콜로라도 스프링스의 신들의 정원 콜로라도에서 아들과 함께 보낸 1년이 내게 가장 행복한 시간이었다.

교수라고 우리 학생들이 엄청 챙겨준다. 참 고맙다. 내 연구실에 2007년 부임할 때 학부생으로 들어온 학생이 있는데 나는 이 학생이 하나님께서 내게 보내신 수호천사라고 생각한다. 나의 온갖 악한 행동을 잘 참아주고 열심히 연구하고 보좌해 주었다. 지난 8월에 이 친구가 크리스천인 줄 알았다. 그는 나에게 말했다.

"사울이 바울 되셨습니다."

최고의 찬사를 한다.

'내가 전에 그렇게 악했나?'라고 생각하며 웃었다.

나이가 가장 많은 박사 과정 학생은 몇 달 전부터 나랑 같이 수요 예배에 참석하고 있다. 조만간 세례도 받고 싶다고 한다.

'헐! 이게 웬일인가?'

전도도 하지 않았는데 너무 반갑기도 하고 또 당혹스럽기도 했다.

애기인즉 교수님을 이렇게 변화하게 한 종교를 한번 믿어보고 싶다고 했다. 주일에는 의정부 집으로 가야 해서 인근 교회를 가야 하지만 수요예배는 여기서 빠지지 않고 잘 참석하고 있다.

내 연구실 학생들은 처음에는 이상하게 바라보았다. 갑자기 저 양반이 아프더니 개독이 되고 착해졌다고. 참 감사한 말이다. 사실 우리 학생들 말고는 잘 모른다. 왜냐하면, 직장 동료나 업무적으로 만나온 사람들에게는 전이나 지금이나 늘 열심이고 비교적 착한 이미지였을 테니 말이다. 우리 학생들도 잘 모른다. 지난 한여름의 내 거듭남을. 요새는 수업, 연구하고 학생 지도하는 것과 더불어 전도하는 것이 나의 가장 중요한 일이다.

과학이란 무엇인가?

1. 과학이란?

나는 소위 과학이란 것을 하며 그래서 과학자라고 불린다.

그럼 과학은 무엇인가?

흔히 과학은 오감(五感)으로 인지되는 현상과 물질에 대하여 이해하고 설명하는 "당대의" 지식 체계 혹은 논리라고 말할 수 있다. 전통적이며 좁은 의미로는 자연에 대해 탐구하는 방법과 그 설명 논리(흔히 자연 과학이라고 한다)라고 할 수 있다. 물론 최근에 와서는 그 범위가 확대되어 인문 과학, 사회 과학이라는 말을 사용하는 경우를 자주 접한다.

예전에 내가 대학교 다닐 때만 해도 그냥 인문학, 사회학이었는데 어느새 과학이라는 딱지를 붙였다. 이유는 알 수 없으나 그 과학이라는 단어가 매우 세련되고 좋아 보였는지 생활 과학, 피부 과학, 패션 과학, 인지 과학, 침대 과학, 스포츠 과학 등등 온갖 종류의 말에

에베레스트산 해발 8,848m로 지구상에 있는 모든 산 중에서 가장 높은 산이다. 그런데 이렇게 높은 산에 바다에 사는 조개의 화석이 발견된다. 무슨 일일까? 이렇게 높은 산(지층)이 과거에는 바다 아래에 있었다는 뜻이다. <사진: 위키미디어 커먼스>

과학이라는 단어를 갖다 붙이고 있는 형편이다.

과학은 보통 실험 과학과 역사 과학으로 나눌 수 있는데, 실험실 혹은 야외에서 반복적인 실험과 재현을 통해 보편적 법칙을 찾아내는 것이 일반적인 실험 과학이고, 실험과 재현이 어려워 관찰과 고증을 통해 합리적으로 추정하는 것을 역사 과학이라고 할 수 있다. 물론 꼭 실험과 재현을 하지 못한다고 하여 과학이 아니라고 하는 것은 지나친 주장이다.

액체의 물이 영하로 내려가면 고체인 얼음으로 되는 것은 실험과 재현을 할 수 있는 실험 과학의 범주에 속한다. 그러나 세계에서 가장 높은 산인 에베레스트에 많은 바다 조개 화석이 발견되는데, 우리는 실험과 재현은 할 수 없지만, '에베레스트 산이 언젠가 바닷물

미국 워싱턴 DC 국회의사당 상공의 번개 과거에는 이를 신의 분노로 생각하여 사람들이 매우 두려워하였다. 그러나 이제는 자연 현상의 하나로 이해하여 겁을 내는 사람은 아마 어린 애들밖에는 없을 것이다. <사진: 위키미디어 커먼스>

아래에 있었겠구나' 하고 합리적으로 추론할 수 있다. 조개가 발이 있어 그 높은 산에 걸어 올라가지는 않았을 것이기 때문이다. 그러므로 이것도 과학이다. 그러나 과학은 본질에서 관찰과 실험을 하는 데 있어서 시간, 공간 그리고 물질의 제약을 받는다.

앞서 나는 과학이 무엇인지 설명하며 "당대의"라는 단어를 사용했다. 이 말은 과학은 언제든지 시대에 따라 변할 수 있으며 틀릴 수도 있다는 뜻이다. 우리가 잘 알 듯 과거에는 태양이 지구를 중심으로 돈다고 생각한 천동설이 지배적이었지만 과학이 발전하면서 이제는 지구가 태양 주위를 도는 지동설을 믿는다. 만약 아직도 천동설을 주장하는 사람이 있으면 비이성적이거나 비과학적인 사람으로 여길 것이다. 즉 과거의 과학은 틀렸고 시간이 가면서 완전히 뒤집혔다.

예전에는 천둥·번개가 치면 신이 노한 것으로 보고 두려워하였으나 과학이 발달하면서 지금은 대기 중에 일어나는 방전 현상과 그로 인해 발생하는 소리라는 것을 안다. 이 또한 과거에는 틀렸고 지금은 잠정적으로 맞다. 그래서 어떤 것이든 ○○ 과학이라고 명명하면 그건 아이러니하게도 틀릴 수 있다는 것을 자인하는 셈이 된다. 인간의 과학은 그 어떤 것이든 반드시 한계를 가진다.

2. 법칙(law)과 이론(theory)

흔히 무슨 법칙이라고 하면 그건 매우 많은 연구와 실험을 통하여 예외 없이 적용되어 거의 증명이 된 것으로 볼 수 있는 데 반해 무슨 (이)론 그러면 법칙보다는 그 증명이 덜 된 비교적 잠정적인 과학적 주장 이렇게 받아들일 수 있다. 예를 들어 우리가 잘 알고 있는 뉴턴의 중력의 법칙이 전자에 속하며 진화론 같은 것이 후자에 속한다.

사실, 이렇게 단순하게 과학의 법칙과 이론을 구분할 수 있는 것은 아니다. 법칙이냐 이론이냐가 무슨 무 자르듯 명쾌하게 구분하는 기준이 있는 것도 아니고, 그 분야를 연구하는 과학자들의 광범위한 인정과 동의가 있느냐 없느냐가 중요한 잣대이기 때문이다. 그런데 이런 동의와 인정은 측정하거나 평가하기가 현실적으로 쉽지 않다. 그래서 과학에는 늘 평가와 비판, 논란이 있다. 그게 과학의 속성이다.

사실, 법칙이라고 하여도 불변의 진리인 것도 아니다. 인간이 사는 시간, 공간 및 물질 세계는 매우 제한적이어서 아무리 실험을 하고 검증을 한다고 하여도 그것은 많은 한계가 있다. 그러므로 과학이 더 발달한 미래에는 지금의 법칙조차 틀린 것으로 판명이 나거나 혹은

사과는 왜 하늘로 가지 않고 땅으로 떨어지는 것일까? 지구가 사과를 잡아당기는 인력 때문에 지구 중심 방향으로 사과는 떨어진다. 소위 중력의 법칙 때문이다.
<사진: 위키미디어 커먼스>

다른 더욱 세련되고 정교한 법칙으로 대체될 수도 있다.

그런데 아인슈타인의 상대성 이론 같은 경우 비록 그 이름이 무슨 '이론'이라고 하여 법칙 보다 덜 검증된 것처럼 보일 수도 있겠지만 웬만한 법칙 이상으로 지금까지 아주 잘 들어맞는 과학 이론이다. 그러므로 법칙은 불변의 진리이고 이론은 단순한 과학적 주장이라고 치부하면 옳지 않다.

3. 과학은 진실하고 선한가?

흔히 우리는 대화를 하거나 논쟁을 벌일 때가 있다.
"그거 과학적이냐?"
"그거 과학적으로 말 되냐?"
이렇게 말하는 경우를 자주 접한다.
도대체 여기서 과학이 무엇이길래 이런 말을 하는 걸까?
우리가 사용하는 "과학적이다"라는 말속에는 "과학은 옳다, 합리적이다, 진실하다 혹은 선하다"라는 의미와 뉘앙스가 포함되어 있는 것 같다.

그러나 과학은 항상 옳은 것도 아니고 항상 합리적인 것도 아니다. 또 정말 과학은 진실하고 선한가 하는 부분에 대하여도 생각할 여지가 많다. 사실 과학 그 자체는 그 어떤 선악의 가치 개념을 포함한다고 할 수 없다. 단지 그것을 만든 인간이 불완전하므로 그의 의도에 따라 과학을 악하게도 선하게도 한다.

현재 지구 상에는 인류를 몇 번이고 멸절시킬 수 있는 핵폭탄이 있다고 한다. 핵미사일 보유국의 한순간 잘못된 판단으로 인류의 운명은 나락으로 떨어질 수 있다. 북한의 핵 개발과 핵미사일 때문에 우리는 늘 노심초사하고 또 국제 관계가 벼랑으로 치달을 때면 대체 누가 저런 가공할 무기를 처음부터 만들어서 이렇게 세상을 혼란스럽게 하는지 원망스러울 때가 있다.

알버트 아인슈타인은 핵폭탄 개발의 기초적 원리가 되는 질량-에너지 등식($E=mc^2$)을 발견했고 또 2차 세계대전을 빨리 끝내기 위해 핵폭탄 제조를 촉구하는 탄원서를 루즈벨트 미국 대통령에게 보내기도 하였다. 그러나 막상 핵폭탄을 사용하려고 하였을 때 그 무서움을 인식하고 극렬하게 반대하였다고 한다. 또 소위 맨해튼계획이라는 미국 주도의 핵폭탄 개발 프로그램을 주도한 로버트 오펜하이머는 막상 일본에 투하된 핵폭탄으로 수십만 명이 죽는 것을 보고 엄청난 자괴감에 평생 괴로워하였고 그 계획에 참여한 것을 후회하였다고 한다.

핵폭탄은 분명히 무섭고 위험하다. 선하다고 볼 수 없다. 그러나 그것에 사용된 과학 기술은 선과 악으로 쉽게 판단할 수 없다. 실제로 원자력 발전에도 핵폭탄에 사용되는 동일한 핵분열 반응을 이용한다. 그러나 하나는 인류의 생존을 위협하는 가공할 전쟁 무기의 개발에 이용되었고 다른 하나는 인간 생활에 필수적인 전기의 생산에 이용되고 있다(원자력 발전을 옹호하는 것은 아니다). 과학이 어떤 용도와 의도로 사용되느냐에 따라 매우 다르게 평가될 수 있다.

4. 과학자는 진실한가?

그럼 과학자는 어떠한가?
그들은 언제나 진실하고 선한가?
그렇지 않다!

최근에 우리는 해로운 가습기 살균제 사용으로 인해 수많은 영유아와 산모가 죽거나 큰 피해를 본 아픈 상처가 있다. 부도덕하고 오로지 돈만 생각하는 악덕 기업이 있었다. 그러나 우리를 더 경악하게 만든 것은 이 가습기 살균제의 유해성에 대한 과학적 평가를 의뢰받은 대학의 교수가 그 회사로부터 부정한 돈을 받고 유해성 실험을 조작하였다는 것이다. 그 과정에서 교수의 지시로 보고서를 수정한

진실을 배반한 과학자들 돈, 명예, 출세를 위해 진실을 외면하고 과학을 왜곡한 과학자들은 국내외를 막론하고 엄청나게 많다. 과학자 모두 정도의 차이는 있을지언정 진실과 왜곡 사이의 위태로운 줄타기를 하고 있다.

대학원생도 구속되는 엄청난 일이 있었다.

이렇게 돈에 의해 과학이 왜곡되는 사례는 심심치 않게 발생한다. 나는 과학자이므로 우리 내부의 이러 저러한 비리에 대하여 알고 있는 바가 적지 않다. 그러므로 과학자가 객관적 결과라고 내놓는 것도 액면 그대로 믿기가 쉽지 않다.

지금은 과학의 시대라고 한다. 일견 과학자에 대한 믿음이 매우 크다고 할 수 있다. 유명한 과학자의 말은 매우 파급력이 커서 마치 과학자가 과거 시대의 제사장과 비슷한 역할을 하는 것 같다. 그러나 과학자가 하는 말은 그 과학자의 학문적 양심과 돈과 명예와 같은 세속적 욕망 사이에서 위태로운 줄타기를 하는 경우도 적지 않다. 과학자 중에는 정권이 바뀔 때마다 자신의 학문적 입장을 바꾸는 사람도 있다.

요새는 과학자들이 많은 논문 쓰기에 혈안이 되어 있다. 유명한 국제 학술지에 논문이 나오면 돈과 명예를 한꺼번에 얻을 수 있다. 그래서 국내외를 막론하고 정도에 차이가 있을 뿐 하지 않은 많은 실험을 했다고 하거나 남의 것을 표절하거나 자료를 조작하여 논문을 내는 진실을 배반한 과학자들이 적지 않다. 또한 이들이 발간한 과학 논문에서 심각한 표절과 사기가 발각되어 교수직이나 연구원직을 잃은 사례도 국내외를 막론하고 셀 수 없이 많다.

그러니 어찌 과학자들을 믿을 수 있겠는가?

5. 그럼에도 불구하고 과학은 유효하다

앞의 글만 보면 과학과 과학자는 전혀 믿을 수 없는 것처럼 들린다. 절대 그렇지 않다. 과학과 과학자는 불완전하다. 그럼에도 불구하고 진실에 가까이 가기 위하여 노력하는 수많은 과학자가 있다. 처음에는 틀렸지만 계속 수정하고 수정해 왔다. 지금 21세기의 눈부신 물질 문명은 분명 과학과 과학자들의 노력의 결과이다. 과학자들은 자신의 분야에서 밤잠을 설쳐가며 관찰과 실험을 반복하였고 그 속에서 자연과 물질의 법칙과 질서를 발견하였다.

오래전에는 납과 구리와 같은 싸구려 금속을 은과 금 같은 비싼 금속으로 바꾸려는 말도 안 되는 연금술 같은 사이비 과학이 시도되었지만 그런 시도가 있었기에 지금 다양하고 유용한 화학 물질의 합성이 가능하게 된 것이다. 하늘을 날고자 하는 라이트 형제의 꿈과 노력이 있어서 지금의 비행기와 우주선이 있다. 아주 멀리도 말고 한 500년

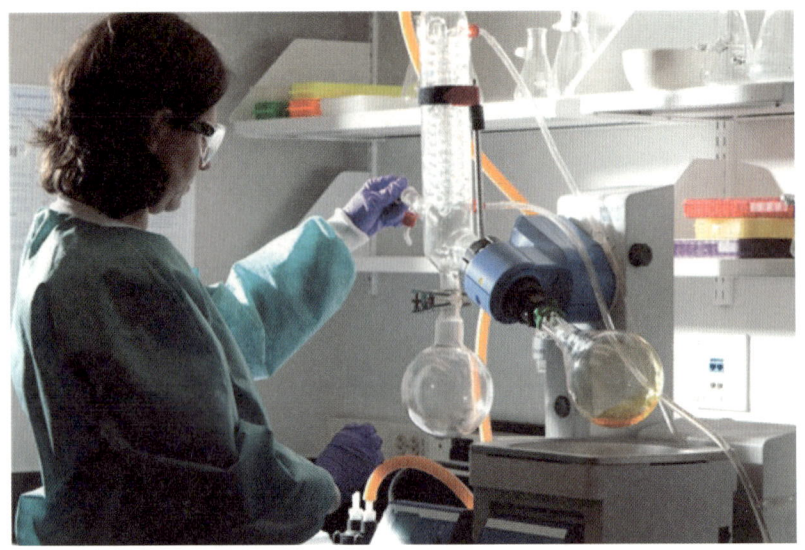

많은 성실한 과학자들 실험 많은 과학자는 어려운 연구 환경 속에서도 매우 성실하게 실험과 관찰을 반복하여 수행한다. 돈과 출세에 눈먼 곡학아세하는 과학자도 있지만 수많은 과학자는 사명감과 헌신으로 이 세상을 발전시키고 있다.
<사진: 위키미디어 커먼스>

전 조선 시대의 우리 조상들이 지금의 대한민국을 방문한다면 초고층 빌딩, 스마트폰, 전철, 비행기 등을 보고 아마 정신이 아득할 것이다. 현실 세계가 아니라 아마 천국에 온 게 아닐까 하고 생각할 것이다.

솔로몬이 가지고 누렸던 그 많은 영화로움도 지금 우리 일반인이 가진 물질(예를 들어 자가용, 컴퓨터, 스마트폰, 로봇 청소기 등)에 비하면 아무것도 아닐 것이다. 이 모든 게 과학의 덕분이다. 그러므로 함부로 과학을 그리고 과학자를 폄훼하는 일은 옳지 않다. 과학에 대한 극단적 상대주의(예를 들어 과학도 하나의 믿음에 불과하다)도 혹은 과학 맹신주의도 절대 바람직하지 않다.

6. 그러므로 과학은 전문 과학자에게 배우자

여자가 예쁜 데는 다 이유가 있다. 그것은 하나님께서 해, 달, 별, 식물, 동물, 남자(아담) 다 만드시고 가장 나중에 심혈을 기울여 만든 최고 신상품이기 때문이다. 그러나 사람마다 미적 취향이 다를 수 있다. 하나님과 부모님이 합작하여 그렇게 예쁘게 만들어 주어도 고치고 싶은 게 있을 수 있다. 한국 여자들이 그렇게 성형을 많이 하는 이유는 하나님과 미적 감각이 좀 달라서 그런지 모른다.

자, 그럼 이제 내 얼굴을 조금 고치고 싶은데 믿음은 좋으나 실력은 없는 돌팔이 의사한테 맡기고 싶은가 아니면 믿음은 없으나 실력이 좋은 의사한테 맡기고 싶은가?

어쩌면 우리 믿음 좋은 의사 형제님은 "주님 믿습니다" 그러고는 수술용 메스로 일단 째고 시작할지 모른다. 그러다가 환자가 죽으면 "오마나, 죽었네. 어쩌죠? 주님" 할 것이다.

맞다. 우스개로 극단적인 경우를 말했지만 우리는 일상 생활에서 얼마나 자주 이런 오류를 범하는지 모른다. '약은 약사에게 진료는 의사에게'라는 말이 괜히 나온 게 아니다. 공중파 방송 같은 곳을 보면 자신의 전문 분야가 아닌데도 교수라는 권위를 이용하여 어디서 들은 단편적 지식과 생각을 전파하는 때도 많다. 사실 방송만큼 교수, 박사 등 과학자가 잘 팔리는 곳도 없다. 실제 밥벌이로 하는 다른 직업이 있으면서도 겸직 교수, 겸임 교수, 대우 교수, 초빙 교수, 객원 교수 등 다양한 이름으로 불리는 임시직을 자신의 직업으로 소개하고 이를 이용하는 때도 많다.

사실 이런 명칭은 대학의 세속적 탐욕과 잘 맞아 떨어진 결과다. 방송사도 처음에는 겸임 교수라고 소개를 하다가 슬그머니 겸임은 빼고 그냥 교수라고 한다. 그게 대중에게 팔리는 것이다. 심지어는 자신도 처음에는 어색해하면서 시간이 좀 가면 슬그머니 그 호칭에 익숙해지고 당연하게 여긴다. 그래, 겸임 교수도 교수지 않느냐고.

사실 호칭이 무엇인가는 그리 중요한 것이 아니다. 교수, 박사, 과학자라는 명칭도 그리 대단한 것도 아니다. 게다가 전업 과학자라고 옳은 말만 하는 것은 아니다. 문제는 그렇게 호칭을 함으로써 전공이 아닌 분야에 대해서도 그들의 말이 권위를 가지고 전문성을 가지게 된다는 것이다. 교회 내에도 이런 일이 비일비재하다. 무슨 전공의 교수, 박사, 과학자인지는 모르겠지만 자신의 전문성과 상관도 없으면서 하나님의 창조와 관련하여 층서, 퇴적, 화석, 화산, 지진, 우주, 기상 등 별별 이야기를 다 한다.

내가 크리스천이 되고 나서 이런 종류의 유튜브 영상을 매우 많이 보았다. 그런데 자신의 전공도 아닌 것을 잠깐 어디서 배워서 저렇게 자신 있게 얘기하는 것이 놀랍고 더욱 놀라운 것은 그 전파하는 소위 과학의 내용이 전문가들이 대체로 인정하는 현대 과학과 너무도 다른 게 많다는 것이다. 더군다나 세속의 현대 과학이 완전히 틀렸다고 신랄하게 비난까지 한다.

사실 전문성이 부족한 성도들은 소위 크리스천 교수, 박사가 말하는 과학 이야기를 그대로 받아들일 수밖에 없다. 나는 교회에 출석한 이후로 우리 성도님들이 얼마나 착하고 순종적인지 잘 알게 되었다. 우리의 믿음은 예수님을 향해 있고 그분에 대한 사랑 때문에 교회 지도자들의 말씀도 아주 잘 청종한다. 마치 어린아이 같다. 때로는 이게 문제를 일으킨다. 강사로 오신 분의 전공이 뭔지 묻지도 알려고도 하지 않고 그냥 교수, 박사라고 하면 그대로 믿는다. 제대로 된 질의와 응답도 없다. 사실 현대의 과학은 매우 세분화되어 실제 그 전공

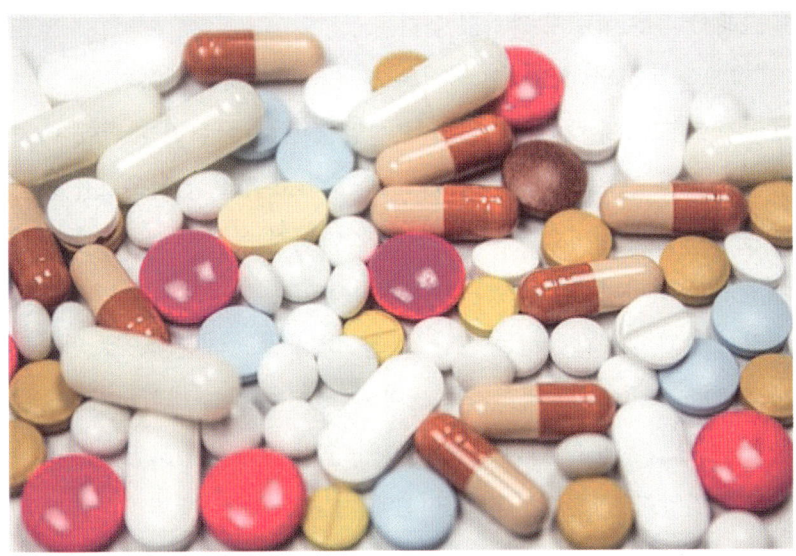

감기약 간단한 감기에도 엄청나게 많은 수의 약이 있다. 약은 제각각의 효능과 부작용이 있으니 의사에게 진료를 받고 처방전을 받아 약사에게 상세하게 설명을 듣고 먹어야 안전하다. 주변 사람들이 좋다고 해서 아무 약이나 무턱대고 먹다가는 정말 위험한 상황에 부닥칠 수도 있다. <사진: 위키미디어 커먼스>

이 아니고는 깊이 있는 이해가 어렵다.

내가 가르치는 지질학도 층서학, 퇴적학, 암석학, 고생물(화석)학, 수리지질학, 지구화학, 광물학, 광상학, 지진학, 행성 우주 지질학 등 수많은 세부 전공이 있어서 매우 어렵다. 수십 년을 공부해도 한 가지 전공을 잘 알기 어려운데 잠깐 이것을 공부했다고 해서 자신 있게 말하는 용기가 가상하다.

사실 과학자는 입으로가 아닌 검증받은 논문으로 말해야 한다. 해당 분야의 과학 논문을 비판적으로 읽고 자신의 주장을 과학 논문으로 내놓아야 한다. 그것 없이 남의 과학적 주장에 대해 트집만 잡으면서 무조건 틀렸다고 하는 것은 옳은 과학자의 태도가 아니며 사이비 약장수에 불과하다. 더군다나 옳은 크리스천의 태도도 아니다.

그래서 나는 이렇게 말하고 싶다.

"말씀은 목사님께 그리고 과학은 전공 과학자에게 배우자."

앞으로 교회에 내·외부 강사가 신앙 간증이 아니라 과학에 대해 강연을 하면 그분의 전공을 물어보자. 그리고 적절한 전문교육을 받은 분인지 앵무새처럼 외워서 하는 게 아닌지 유심히 보자. 관련 전공 논문은 얼마나 발간하였는지 묻자.

적어도 과학에 대해서는 그냥 '아멘' 하지 말고 기본적으로 의심하자. 과학은 그리고 그 과학자는 틀릴 수 있다는 것을 명심하자. 이 글을 쓰는 나도 전문이 아닌 부분이 있어 주변 전문가의 도움을 받거나 감수를 받았다. 그런데도 다 믿지는 말자.

7. 우리가 과학을 할 수 있는 이유

과학자나 일반인이나 잘 인식하지 못하고 있는 중요한 사실이 하나 있다. 바로 인간만이 과학을 한다는 것이며 또 할 수 있다는 것이다.

왜 우리는 주변에 대하여 호기심을 가지고 탐구하고 그 속에서 무언가를 알고자 할까?

그냥 동물들처럼 주어진 조건에서 먹고 마시고 자고 그러다가 죽으면 그만일 것을. 인간이 과학을 한다는 것, 그리고 과학을 할 수 있는 이유는 인간이 하나님의 형상과 모양대로 지어졌기 때문이다 (창 1:26~27). 인간의 뛰어난 지성과 탐구 정신은 하나님의 본성을 닮은 것이다.

인간은 하나님에 의해 지음을 받는 순간 자연을 다스리도록 명령을 받았다(창 1:26). 그런데 자연을 다스리려면 우선 알아야 한다. 알

인간만이 과학을 할 수 있다 이는 하나님께서 자연을 정복하고 다스리도록 인간에게 명령하셨기 때문이다. 잘 다스리려면 대상을 알아야 한다. 알려면 탐구하고 관찰해야 한다. 그게 과학이다. 이런 본성을 하나님께서 우리 몸에 심어 놓으셨다.

려면 자세히 보고, 만지고, 분석해서 하나님이 감추신 여러 가지 법칙과 원리를 알아내야 한다. 그러므로 우리가 과학을 한다는 것은 하나님이 우리에게 주신 미션을 수행하는 것이다.

그런데 내가 지질학을 본격적으로 연구하기 시작한 때도 그랬고 우리 대학원생들도 보면 참 신기한 것이 있다. 아니, 다른 과학자들도 별반 다르지 않아 보인다. 우리는 오랜 시간을 참고 견디면서 실험을 하고 관찰을 하고 연구를 한다. 그리고 모두 인식을 하든 하지 못하든 자신이 연구하는 대상에 어떠한 법칙이 존재할 것이라고 기대를 한다.

그렇다면 과연 어떤 근거와 자신감에서 이러한 기대를 하는 것일까?

만약 수년 혹은 수십 년 동안 연구했는데도 일정한 질서나 법칙이 없으면 어쩌려고 그러는가?

흔히 사람에 대해서는 대체 속을 알 수 없다고도 하고, 상대방의 행동에 대해서는 한치 앞도 예측할 수 없다고 한다. 사람의 행동 양상을 예측하는 것이 가장 힘들다고 하며 사람과 관련된 경제 전망도 완전 난망이라고 한다.

그런데 사람보다 훨씬 크고 복잡해 보이는 자연과 광대한 우주에 대해서는 실험하고 관찰하면 어떠한 법칙을, 그것도 간단한 법칙을 발견할 수 있다고 하는 과학자들의 무모한 기대와 자신감은 어디에서 오는 것인가?

우리의 자연과 우주가 저절로 무작위(random)로 만들어진 것이라면 질서정연한 법칙이 있을 이유가 없다. 또 지구상에 발견된 중력 법칙이 화성에서 적용되어야 할 아무런 인과 관계가 없다.

소위 자연스러우려면 질서는 커녕 중구난방이어야 한다. 그런데 이상하게도 중력의 법칙은 지구에도 화성에도 적용된다. 결국은 하나님을 믿는 크리스천 과학자든 무신론 과학자든 자연과 우주에 우리가 모르는 간단한 지배 법칙이 있다는 것을 믿고 연구를 한다는 것이다. 즉, 과학을 한다는 것은 그 간단한 법칙을 찾아내는 것이다. 흥미로운 것은 지금까지 과학자들이 발견한 소위 유명한 법칙들은 하나같이 수학적으로 단순하기 그지없다.

바로 이거다. 내가 과학자로서 깨닫게 된 것은 자연과 우주에 간단한 법칙이 있다는 것이다. 어디에나 적용되는 법칙 말이다. 그건 저절로 이루어질 수 없고 오로지 초월적 존재 즉 하나님의 설계에 의해서만 가능하다. 인간처럼 시간, 공간 및 물질에 규제를 받는 그 무언가는 우주에 법칙을 부여할 수 없다. 법칙이 부여되었다는 것은 그것을 초월하는 존재가 있다는 것이다. 그 존재가 바로 전능하신 우리 하나님이다.

과학은 하나님께서 자신을 드러내 보이신 일반계시(자연)를 공부하는 방법으로, 과학이 발전할수록 놀라운 하나님의 지혜와 명철을 더 잘 이해하게 된다. 그러므로 과학을 하는 것은 하나님이 자연과 우주에 심어 놓으신 갖가지 법칙과 원리를 찾아가는 것이다. 과학자는 그 축복받은 미션을 수행하고 있다.

8. 과학은 신이 없음을 증명하는가?

어떤 이들은 과학이 발전하면 할수록 신이나 하나님이 있을 공간이 좁아진다고 한다. 과학으로 다 설명이 되는데 왜 신이 필요하냐는 것이다.

정말로 그럴까?

두 가지 측면에서 생각해 보자.

첫째, 과학은 무엇을 연구하는 것인가?

앞서 이야기한 대로 과학은 오감으로 인지할 수 있는 물질(현상)세계에 대한 지배 법칙을 기술하는 논리 체계이며 이에 대한 방법론으로 자연주의를 택한다.

예를 들어 과학이 발달하지 않은 과거에는 가뭄이 발생하면 신이 노하여 비를 내리지 않는 것으로 인식하고 기우제를 지내는 등 신을 달래는 행위를 함으로써 문제를 해결하려고 하였다. 그러나 지금은 다양한 기상 관측 장비와 기상 분석 과학 기술의 발전으로 가뭄을 강수량, 기온, 증발량, 바람, 기단 등 다양한 기상인자들의 복합적 작용으로 이해하고 하늘에 제사를 지내기보다 인공강우를 시도한다든지 혹은 모자란 물을 확보하기 위해 하천 준설과 지하수 개발 등의 노력을 한다.

그러나 이런 과학도 우리 눈에 보이지 않는 것들에 관해서는 설명할 방법이 별로 없다. 사랑은 보이지 않지만, 엄연히 존재하고 슬픔도 마찬가지이다. 어떤 이에 대한 연민도 그렇다.

이런 마음이 왜 생기는지 어떻게 과학으로 설명하겠는가?

어떤 이는 이것을 단순히 생화학적 호르몬 반응이라고도 한다. 그럼 그런 반응이 왜 생기는지 설명해 보라. 우리는 설명할 도리가 없다.

양심은 어떠한가?

남의 물건을 훔칠 때는 이곳저곳을 살펴보면서 가슴이 두근거림을 느낀다.

왜 그런가?

양심이 찔리기 때문이다.

이것이 진화의 산물이고 그냥 화학 반응이라면 어떻게 이것을 설명하겠는가?

사랑하는 남친, 여친이 헤어지자고 하면 마음이 찢어진다.

마음이 어디 있길래 그리고 헤어진다고 왜 마음이 아파야 하는가?

하나님은 영이시다(요 4:24). 눈에 보이고 만져지는 가시적인 물질이 아니다. 과학은 엄연히 존재하지만 설명하지 못하는 것이 너무 많다.

진화론이나 빅뱅이론이 신이 없음을 증명한다고 얘기하는 분이 있다. 진화론과 빅뱅이론은 현대의 과학이론들이다. 이것들이 진실을 어느 정도 가지고 있을지라도 아니면 전적으로 진실이라고 하여도 하나님의 존재 여부에 대해서는 어떤 것도 얘기할 수 없다. 과학은 어떻게(how)를 설명하지 왜(why)를 설명하지 못한다. 우리가 하나님의 존재를 과학으로 증명할 수 없듯이 어떤 과학도 하나님의 없음을 증명할 수 없다. 하나님은 과학의 대상이 아니기 때문이다.

둘째, 과학으로 설명되는 것을 신의 영역이 아닌 자연적 영역에 속하는 것으로 생각한다면 오산이다(사실 자연적이라는 것도 소위 자연이라는 신이 있는 것처럼 믿는 것과 다르지 않다).

흔히 어떤 분들은 과학으로 설명되면 그건 신이 없음을 나타낸다고 주장한다.

그래서 전에 원인을 알 수 없거나 인과율(작용)을 알지 못했던 현상에 대하여 과학적으로 설명이 되면 하나님을 부정한다. 이건 일반인이든 크리스천이든 하나님을 오해하고 있는 것이다. 하나님은 천지 만물을 창조하셨을 뿐 아니라 자연과 우주를 규제하는 법칙도 만드셨고(욥기를 보라) 지금도 그것을 붙들고 운행하고 계신다.

> 천지가 주의 규례들대로 오늘까지 있음은 만물이 주의 종이 된 까닭이니이다 **시 119:91**

어떤 일이 기적적으로 되어야만 하나님의 일인 것처럼 오해하는 것은 문제다. 하나님은 모든 일상적인 자연법칙적인 일과 기적적인 일 모두의 주재자이시다. 하나님을 틈새의 신으로 만들지 마라. 과학으로 설명되는 모든 법칙을 만드신 이도 하나님이시다.

9. 과학 시대에 사람들은 더 과학적이며 합리적인가?

하나님을 믿지 않는 사람들은 크리스천에게 이렇게 고도로 물질 문명이 발전된 과학 사회에서 눈에 보이지도 않는 하나님을 믿느냐고 힐난을 하는 경우가 있다. 크리스천은 과학적이지도 합리적이지도 못하다고 하는 것이다. 그런 논리라면 무신론자들은 더욱더 과학적이고 합리적으로 사고하고 행동해야 한다.

정말 그럴까?

그런데 아프면 아직도 굿을 하는 사람이 있고, 결혼이나 이사 날은 점집에서 말해주는 소위 길일을 택하는 경우도 자주 있다. 젊은 남녀가 결혼을 앞두고 사주 궁합이 맞는지 보고 때로는 좋지 않은 결과가 나와 고민하는 예비 신랑·신부를 보기도 한다. 이들은 소위 신세대로 고리타분하지 않고 매우 과학적이고 합리적이고 쿨하다고 자부한다. 아직도 별자리나 손금이 자신의 운명을 결정한다고 생각하는 사람이 있다. 스포츠 신문에 나오는 그 주의 운세를 즐겨보고 자신의 운을 점친다.

이런 것은 과학적이고 합리적인가?

과학이 엄청나게 발전한 것 같은가?

사실, 이 시대에도 과학적 근거가 희박한 혹세무민하는 유언비어는 너무나 많다. 어떤 물은 먹기만 하면 모든 병이 낫는다고 하여 불치병에 걸린 많은 불쌍한 환자와 그 가족을 속이는 때도 있다. 산사에 가서 남근상을 만지기만 하면 아들을 낳는다고 하여 전국에서 발길이 끊이지 않는 곳도 있다. 어디 어느 곳에 조상의 묫자리를 쓰면 자손들이 출세하고 번성한다는 말을 여전히 믿고 있다.

예수는, 하나님은 어디 있냐고 본적이나 있냐고 비웃으면서, 그럼

1장 과학이란 무엇인가? 49

공기는 눈에 보이지 않아도 있음을 안다 바람이 불면 공기가 있다는 것을 알듯이 우리는 자연을 보면서 하나님이 계심을 알 수 있다. <사진: 픽사베이>

부처, 공자는 본 적이 있는가?

    설마 절에 있는 부처상을 진짜 부처로 생각하는가?

    웃을 일이다. 눈에 보이는 것만 믿나?

    전파는 눈에 보이지 않아도 인정한다. 스마트폰으로 통화도 하고 데이터도 받기 때문이다.

    어떻게 이런 것은 안 보여도 잘만 믿으면서 하나님에 대해서는 안 보이므로 없는 것이라고 우기는지!

진화론

> 하나님이 이르시되 땅은 풀과 씨 맺는 채소와 각기 종류대로 씨 가진 열매 맺는 나무를 내라 하시니 그대로 되어 창 1:11

> 하나님이 자기 형상 곧 하나님의 형상대로 사람을 창조하시되 남자와 여자를 창조하시고 창 1:27

우리 크리스천이 믿고 있는 하나님의 말씀인 성경에는 이 모든 우주, 자연, 동물, 식물 그리고 인간은 하나님이 창조하신 것이라고 분명히 밝히고 있다(창 1:1~31). 우리는 이 사실을 전적으로 믿으며 전혀 타협의 여지가 없다. 이 사실을 믿지 않으면 크리스천이라 할 수 없다.

그런데 이러한 우리의 믿음에 정반대의 주장을 하는 것으로 알려진 것이 소위 진화론이다. 이 진화론과 관련하여 우리는 중·고등학교 그리고 때로는 대학교에서도 배우기는 하지만 정확하게 이해하고 있는 사람은 드문 것 같다. 심지어 초·중·고등학교 교사나 나 같은 대학 교수도 별반 다르지 않다.

크리스천이든 아니든, 그냥 어떤 사람은 이렇게 말하기도 한다.

"아! 그거 원숭이가 사람 되었다고 하는 거 아니야?"

교회 내에서는 진화론을 인정하면 성경을, 하나님의 창조를, 더 나아가 하나님을 부인하는 것으로 인식하기도 한다.

이런 관점에서 신앙의 순수한 입장을 견지하고자 성경의 글자 하나하나 그대로 받아들이고자 하는 노력도 있다. 그래서 진화론을 전면적으로 부정함은 물론 과학 이론으로 인정하지도 않으며 타도해야 할 마귀, 사탄으로 받아들이는 사람도 있다.

현재의 세상적 모든 나쁜 현상(물질만능주의, 배금사상, 동성애 등)의 근저에 이 진화론이 있다고 보는 견해도 있는 것 같다. 아마도 나의 인문·사회학적 식견이 부족하여 잘 이해를 하지 못해서 그렇지 그런 측면이 없지는 않을 것이다.

그런데 사실 좀 의아한 것은 나 같은 이공계 대학 교수를 하는 사람도 잘 모르는 이 진화론을 일반인들이 어떻게 알고 또 그것을 무신론 혹은 하나님을 부정하는 것과 연결하는 것일까?

진화론이 하나님이 혹은 신이 없음을 증명하는 것일까?

나는 대학 교수가 되고 나서 구내서점에서 내가 좋아하는 소설이나 교양서적을 사서 틈틈이 읽었다. 요즘은 온라인서점이 편리하여 그곳에서 주문을 자주 한다. 그중에는 스티븐 호킹의 『위대한 설계』, 유발 하라리의 『사피엔스』, 『호모데우스』 그리고 리처드 도킨스의 『만들어진 신』 등이 있다. 그러나 무신론자로서 이런 진화론에 입각한 책을 읽었다고 하여 하나님이 없음을 더 확신하거나 이를 근거로 크리스천을 미워하거나 핍박할 생각은 하지 않았다.

지사학의 법칙 지사학은 지구(땅)의 역사를 탐구하는 학문으로 지질학의 한 분야이다. 지사학 5대 법칙에는 동일과정의 법칙, 지층누중의 법칙, 관입의 법칙, 동식물 군(화석) 천이의 법칙, 부정합의 법칙이 있다.

오히려 크리스천이 되고 나서 이런 책을 볼 때 마음이 아팠다. 당시 무신론자(정확히는 무관심자)였던 나에게는 이런 책들은 그저 과학 교양서적일 따름이었다.

그런데도 도대체 진화론이 무엇인지 알고 싶은 욕구가 생겼다. 생물 전공은 아니더라도 진화론과 많은 관련이 있는 지사(地史)학, 고생물학(화석학)을 배운 입장에서 이 과학 이론이 대체 무엇이길래 그렇게 교회에서 배격하는지 알고 싶었다. 얼마나 진화론이 싫었으면 "진화"라는 단어만 나와도 경기를 일으키며 알레르기 반응을 보이는 경우도 보았다.

이 이론이 하나님이 없음을 주장 혹은 증명하는 걸까?

이 이론에 대해 우리가 지금 알고 있는 상식이 맞는지도 확인하고 싶었다. 혹시나 우리가 오해하고 있는 것은 아닌지도 알고 싶었다. 21세기 과학 시대에도 얼마나 많은 잘못된 상식과 지식이 세상에 난무하는지를 알기에. 나 자신도 그런 잘못된 상식을 가지고 있는 경우도 많이 경험하였다. 아직도 평평한 지구를 믿고 심각하게 주장하는 사람들이 있다고 하니 재미있다.

1. 종의 기원

찰스 다윈은 1859년에 『종의 기원』(전체 제목: 자연 선택 방법에 따른 또는 생존 경쟁에 유리한 종족의 보존에 의한 종의 기원에 대하여)을 출간하였고 전찬리에 판매되었으며 이는 소위 진화론 또는 진화생물학의 혁신적인 토대가 되었다. 사실 다윈이 처음으로 진화론을 주장한 것은 아니다. 그 전에도 다양한 학자들이 우주, 물질, 생명이 진화한다는 주장을 하였다.

예를 들어 프랑스 생물학자인 라마르크(Jean-Baptiste Pierre Antoine de Monet, chevalier de Lamarck)는 소위 용불용설과 획득형질의 유전을 통한 진화를 주장하였다. 흔히 기린의 목이 길어진 것은 높은 나무의 나뭇잎을 먹기 위해 진화한 것으로 생각하였다. 그러나 이런 주장들은 별 인기를 얻지 못하였다. 그러나 다윈에 와서 진화의 메커니즘(기작)이 매우 설득력 있게 제시되어 마치 다윈이 진화론의 최초 주창자인 것처럼 인식하게 된 것이다.

다윈은 의사였던 아버지처럼 의사가 되기 위해 영국 에든버러대학교에서 의학을 배웠다. 그러나 그는 의학에는 별로 흥미가 없었고

종의 기원 다윈은 『종의 기원』을 통해 진화론에 설득력 있는 설명 기작을 제공하였다. 이로 인해 종교계와 많은 갈등을 유발하였다. 그러나 진화론은 과학적 주장일 뿐 하나님의 유무를 입증하는 것이 아니다.

곤충 채집과 같은 자연 현상에 관심이 더 많았다. 이후 아버지는 아들을 성공회 신부로 만들기 위해 케임브리지대학교 신학과에 입학을 시켰다. 그러나 그 전과 마찬가지로 그는 곤충학, 식물학, 지질학, 광물학에 더 큰 관심과 열의를 보였다.

대학교 졸업 후 비글 탐사선에 승선하여 남미와 태평양을 다니며 다양한 동식물과 지질을 관찰하고 그 표본들을 채집할 수 있었다. 특히 남미 밀림에서 본 셀 수 없이 많은 수의 다양한 식물들과 갈라파고스 군도에서 관찰한 너무나 많은 종류의 동물들을 보면서 이런 다양성이 어떻게 가능하게 되었는지 그리고 한순간에 창조가 가능한지에 대한 깊은 의문을 가지게 되었다. 또 파타고니아 원주민들을 보면서 같은 인간인데 어떻게 이렇게 다른 모습인지 관심이 끌리게 되었다.

1831년부터 1836년까지 5년간 다양한 관찰과 자료를 수집한 뒤 영국에 돌아온 다윈은 24년에 걸쳐 『종의 기원』을 발간하였다. 이렇게 오랜 시간이 걸린 이유로는 더욱 완성도 있는 연구 결과를 도출하기 위한 학문적 신중함이라고도 하고 당시 종교계에 미칠 큰 파장을 우려했다는 이야기도 있다.

사실 다윈의 진화에 관한 자신의 이론은 이미 30년대 말에 정립되

탐사선 비글호 다윈이 5년간 탐사 여행을 수행한 영국 해군 탐사선 비글호(HMS Beagle) <사진: 위키미디어 커먼스>

었다고 한다. 그러나 그 후에도 다양한 실험과 관찰을 하고 증거를 모으는 과정을 거쳤다.

책에서 밝히고 있지만, 동물 사육과 식물 재배를 통해 종의 개량이 인간의 선택(인위 선택)으로 가능하듯이 자연에서 생존 경쟁에 의한 변이의 보전을 자연 선택(natural selection)이라고 명명하였다. 자연에서 한 종에 대한 작은 변이(varieties)는 항상 존재하는데 이 변이(변종)들이 생존에 더욱 유리하다면 이들은 살아남고 적응하지 못한 변이나 원래 종은 도태된다고 한다(적자생존). 그래서 그 변이의 특징이 뚜렷해지면 하나의 새로운 종이 확립된다(이것이 바로 종의 기원)고 본 것이다. 이것이 반복·누적되면 원종(原種)에서 완전히 먼 다른 종이 생긴다는 것이다.

이 생존 경쟁이라는 자연 선택의 기작은 사실 영국 경제학자 로버

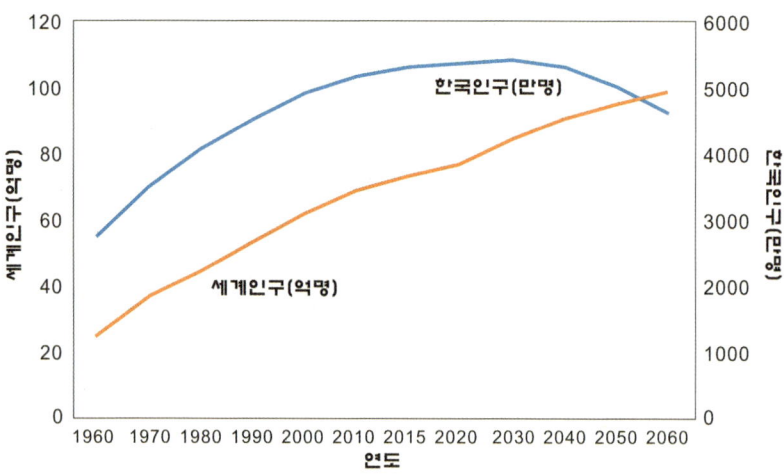

맬서스의 인구 맬서스가 예측한 것과 달리 세계의 인구가 기하급수적으로 증가하고 있는 것이 아니다. 한국의 경우 오히려 인구는 계속 감소하고 있다. 경쟁을 당연한 사회 현상으로 간주하는 것은 사회적 해악을 초래할 수 있다. <수치: 통계청>

트 맬서스(Robert Malthus)의 『인구론』(*An Essay on the Principle of Population*, 1798)에서 확신을 얻었다고 한다. 식량 생산은 산술급수적으로 성장하는데 인구는 기하급수적으로 증가하여 식량을 두고 심한 경쟁을 벌일 것이고 세계가 위기를 맞으리라는 것이다. 그러나 예측은 완전히 빗나갔는데 농업과 공업 기술 발전으로 식량 생산도 폭발적으로 증가하여 그가 주장한 무한 성욕에 의한 출산에도 불구하고 세계적 빈곤 문제는 발생하지 않았다.

또 피임 기구의 개발, 의식의 변화, 문화의 발전 등으로 출산율도 줄어들고 있다. 그러나 1838년 이 책을 읽은 다윈은 큰 감명을 받았으며 '생존 경쟁'이라는 기작을 자연 선택의 핵심 논리로 생각하게 되었다. 안타까운 것은 이 같은 오류투성이 맬서스의 인구론은 각국의 정치와 제국주의에 악용되기도 했다는 것이다.

변이의 축적과 유전(당시에는 어떻게 유전된다는 것은 알지 못했다)에 의한 종의 발생을 생각한 다윈에게 가장 크게 영향을 주었던 것은 탐사선 비글호에서 읽은 찰스 라이엘(Sir Charles Lyell)이 쓴 『지질학 원리』(*Principles of Geology*)였다. 여기에서 지질 현상은 우리가 생각하는 것 이상으로 매우 오랜 시간에 걸쳐 발생한다는 것과 화석화는 드문 과정이라 지질학적 기록은 불완전하다는 것을 배우게 되었다.

다윈은 자연적 진화(선택)에 필요한 매우 긴 시간과 그 진화를 발생시키는 기작 두 가지 모두를 확보하게 된 것이다. 아마도 이런 이유로 교회에서 진화론을 부정하는 사람들이 지질학의 기본 원리에 해당하는 라이엘이 확립한(사실 최초 주창자는 제임스 허튼[James Hutton]) '동일과정의 법칙(설)'을 신랄하게 비판하는 것 같다.

이것을 무너뜨리면 진화론이 무너진다고 생각하는 것이다. 또 이와 궤를 같이하는 지구의 오랜 나이도 비판의 대상이 되고 있다. 다윈의 진화론을 있게 한 핵심적 세 가지를 들면 탁월하고 특이한 탐험 장소(갈라파고스섬 등), 라이엘의 『지질학 원리』, 그의 성실한 조사·관찰이었다.

애초 다윈은 좀 더 시간을 두고 완성된 자신의 이론을 발표하려고 했었다. 그러나 1958년 젊은 영국 생물학자 러셀 월리스(Russel Wallace)가 말레이군도에서 보내온 편지를 본 다윈은 경악했다. 자신이 생각한 생존 투쟁에 의한 자연 선택이라는 것과 완벽하게 일치하는 생각을 담은 '변종이 원종에서 무한히 멀어져 가는 경향에 대하여'라는 논문이 학술지에 대신 투고해 달라면서 동봉되어 있었다.

그런데 논문을 전달받은 친구 라이엘(『지질학 원리』 저자)은 이 상태로 논문을 발간하는 것은 다윈의 그동안 노력을 생각하였을 때 너무 억울하다고 생각하고 월리스 논문과 다윈의 글을 종합하여 「린네

학회회보」에 공동 논문으로 게재하게 하였다. 멀리 있던 월리스는 이 같은 상황을 전혀 알지 못하였다. 사실 라이엘과 다윈이 한 행위는 명백한 학문적 사기에 해당한다. 그렇게 논문이 발표된 1년 후 책 『종의 기원』이 출판되었다.

2. 『종의 기원』 내용

사실 이 책은 읽기에 실로 방대한 분량이다. 원서(502쪽)를 포함한 여러 버전이 있는데 모두 400쪽 이상이고 내가 읽은 한글 번역본만 해도 일부 해설을 포함해 656쪽이다. 이 책은 모두 14장으로 되어 있으며 책의 목차에 따라 주요 내용을 살펴보면 다음과 같다.

1) 제1장 사육 하에서 변이(variation)

다윈은 동물 사육과 식물 재배 하의 많은 종이 선택적 교배를 통해 분화되었으며 특히 항상 존재하는 작은 변이들이 진화에 있어 중요하다고 주장한다.

2) 제2장 자연 상태에서 변이

특징이 뚜렷한 변종(variety)이 단발 종이 되며 종(species)은 특징이 뚜렷한 변종에 불과하다고 한다. 전에는 종들의 원형은 신에 의해 정해져 있었으나 다윈은 변이를 진화의 핵심으로 생각한다.

3) 제3장 생존 경쟁

다윈은 생존을 위한 경쟁에서 존속에 유리한 변이는 보존된다고 주장한다. 그리고 인간의 선택과 구분하여 이런 과정을 '자연 선택'이라는 용어로 부른다. 그는 자연 선택이 매우 느리게 진행된다고 한다.

4) 제4장 자연 선택

이 장에서는 종의 이름을 표기하지 않은 계통수(系統樹)를 보여준다. 종들이 시간의 경과에 따라 더 많은 종으로 분화되는 것을 나타낸 이 계통수를 통해 처음에는 동일한 종 안의 작은 차이에서 출발한 분화는 세대를 거듭할수록 큰 차이를 나타내게 되며 결국 서로 다른 종으로 분화한다고 설명하였다.

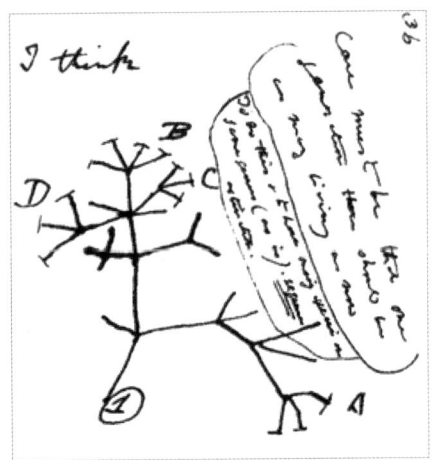

다윈의 진화 계통나무 다윈의 진화 계통나무(수): 소수의 공통 조상으로부터 분기되어 다양한 종이 생김을 나타내고자 하였다.
<사진: 위키미디어 커먼스>

5) 제5장 변이의 법칙

다윈은 유전되는 변이가 발생하는 원인을 몰랐지만, 환경적 조건에서 변이가 발생할 수 있다고 보았다. 또 변이를 지배하는 법칙을 알지는 못했지만, 자연 선택 때문에 이러한 변이들이 세대가 지남에 따라 큰 차이로 변해갈 수 있음을 알았다.

6) 제6장 이론의 난점들

자연 선택에 대한 반론을 다룬다. 첫 번째 부분은 서로 가까운 종들 사이의 중간 형태를 띠는 생물이 발견되지 않는다는 것인데 다윈은 경쟁 때문에 중간 형태가 멸종하기 때문이라고 설명한다. 나머지 부분은 자연 선택이 어떻게 복잡하고 특화된 기관들을 형성할 수 있는지를 설명한다.

7) 제7장 본능

본능의 진화를 다루는데 본능도 모두 개별적으로 부여되거나 창조된 것이 아니라 모든 생물을 증식시키고 변이시키거나, 강자는 살리고 약자는 도태하여 진보로 이끄는 일반적인 법칙의 작은 결과로 보는 것이 더 만족스럽다고 주장한다.

8) 제8장 잡종

다윈은 잡종의 형성 여부와 잡종의 번식 가능 여부는 종에 따라 다르며 식물에서는 더 다양하다고 한다. 최초의 교잡과 잡종의 불임성의 정확한 원인에 대해서는 전혀 알지 못하지만 열거한 여러 가지 사실들은 종이란 원래 변종으로서 존재했다고 하는 소신에 어긋나는 것이라고 주장한다.

9) 제9장 지질학적 기록의 불완전함에 대하여

이 장에서 다윈은 지질학적 기록들이 점진적으로 변해가는 화석이 아닌 갑자기 나타나는 형태의 화석들만 보여준다는 사실을 설명한다. 다윈은 라이엘의 『지질학 원리』로부터 화석화는 매우 드문 과정이기 때문에 지질학적 기록은 불완전할 수밖에 없다는 주장을 가져온다.

10) 제10장 생물의 지질학적 천이에 대하여

화석 기록들이 자연 선택과 개별적 창조 이론 중 어느 것에 의해 더 잘 설명되는지를 평가한다. 다윈은 종들은 천천히 변하지만 모두 같은 속도로 변하는 것은 아니라는 것을 지적한다.

11) 제11장 지리적 분포

지역에 따른 동물 및 식물군의 차이가 단순히 환경적 차이만으로는 설명될 수 없다고 한다. 남아메리카, 아프리카, 호주는 같은 위도 상에서 기후가 비슷하지만, 이들 지역의 동식물에는 큰 차이가 있다.

12) 제12장 지리적 분포(계속)

생물지리학적 논거가 계속된다. 지리적 분포에 대한 매우 중요한 여러 사실은 이주와 그것에 이은 변화 및 새로운 형태의 증식이라는 이론으로 설명된다고 주장한다.

13) 제13장 생물의 상호 유연, 형태학, 발생학, 흔적 기관

형질의 다양성에 따라 다양한 수준으로 구성된 종들의 분류를 다룬다. 또 다윈은 상동 기관의 중요성을 포함한 형태학을 설명한다.

14) 제14장 요약과 결론

마지막 장은 앞의 장들을 요약하며 자신의 이론이 자연사학의 다양한 분야에 획기적인 변화를 줄 것을 기대한다고 했다. 그는 다음과 같은 문장으로 책을 마치고 있다.

> 이 지구가 확고한 중력의 법칙에 따라 회전하고 있는 동안 애초에 소수 혹은 하나의 형태로 생명이 여러 능력과 함께 불어 넣어져서 매우 간단한 형태에서 가장 아름답고 경이로운 형태로 진화하였다는 그리고 지금도 진화하고 있다는 생명에 관한 견해에 장엄함이 있다.

다윈이 『종의 기원』에서 말하고 싶은 핵심은 이것이다.
"종은 개개의 독립성을 가지고 창조된 것이 아니고 다른 종에서 유래(진화)되었다."
재미난 것은 다윈은 당시 오래전에 모든 대륙이 하나로 이어져 있었다는 사실을 몰랐기 때문에, 자신이 주장하는 한 지점에서 발생한 종이 어떻게 이렇게 여러 대륙과 섬에 분포하게 되었는지를 그의 책에서 장황하게 설명하고 있는데 우습기도 하고 안타깝기도 하다 (지질학에서는 이 초대륙을 판게아[Pangaea]라고 한다. 1912년 베게너

[Alfred Lothar Wegener]는 하나의 대륙이 나뉘어서 현재의 여러 대륙으로 되었다는 대륙이동설을 주장하였다. 현재는 이런 학설과 해저확장설 등을 종합한 판구조론이 정설이 되었다). 그래서 과학이 얼마나 불완전하고 틀릴 수 있는지를 새삼 느끼게 된다.

3. 자연 선택의 기작: 생존 경쟁

다윈은 자연 선택의 기작(mechanism)을 생존 경쟁이라고 한다. 결국, 모든 생명체는 자신의 생존과 번식을 위하여 무한 투쟁을 하는 것으로 비친다. 그러나 이기적인 행동이 아닌 이타적인 행위는 자연에서 얼마든지 많이 발견할 수 있다. 물론 이런 이타적인 행동과 종 내 혹은 종간의 협동도 결국은 종의 보전과 존속을 위한 이기적 행위의 일종으로 다윈과 도킨스는 말한다. 이런 식의 해석은 어떤 증거도 뒷받침되지 않은 과다한 해석으로 볼 수 있다.

우리는 동일한 현상에 대하여 다른 해석과 의미 부여를 할 수 있다. 예를 들어 어떤 크리스천이 불치병이 걸려 오늘내일하였는데 갑자기 병 고침을 받았다. 그러면 믿지 않는 사람은 그저 알 수 없는 기적으로 보지만 믿는 우리는 하나님의 은혜로 해석한다. 자연 선택과 생존 경쟁은 변이에 대한 하나의 그럴듯한 설명의 하나일 뿐이다.

어떤 사람은 적자 생존(Survival of the Fittest)이라는 말을 다윈의 자연 선택과 동일시한다. 물론 이 말은 표면적으로 다윈이 말한 자연 선택을 설명하기에 어느 정도 그럴듯한 말이기는 하다. 이 용어는 『종의 기원』 이후 1864년 영국의 철학자인 허버트 스펜서(Herbert Spencer)가 『생물학 원리』(Principles of Biology)에서 인간들의 사회적 생존 경쟁의 원리를 함축시킨 사회 철학 용어로 처음으로 사용하였다.

그러나 이것을 강한 것이 살아남고 약자는 도태된다고 해석하여 약육강식의 논리를 합리화하고 약자에 대한 보호, 배려가 없는 삭막한 세상을 정당화하는 것은 매우 사악한 해석이다. 또 이런 진화론과 약육강식 논리에 기초하여 독일 아리안은 우등하고 유대인은 열등하다며 나치가 유대인을 말살하는 것을 합리화했다는 얘기도 있다.

이는 진화론에 대한 이해의 부족이다. 어떤 조건에서 유리한 변이가 보존된다는 뜻일 뿐이다. 적자 생존이라는 말 자체도 반드시 다윈의 진화론에 적절한 말이 아니지만, 백번 양보하여 그럴듯하다고 쳐도 이는 살아남은 자가(적응한 자) 강하다는 뜻이지 강한 자가 살아남는다는 뜻이 전혀 아니다. 적자 생존은 결코 약육강식이 아니며 어떠한 주의 혹은 사상을 옹호하는 것이 아니다.

4. 하나 혹은 소수의 생명체는 어디에서 온 것인가?

앞서 쓴 바와 같이 다윈의 책의 뒷부분에 생명체가 단 하나 혹은 소수에서 유래되었다고 주장하였다. 만약 생명이 단 하나 혹은 소수의 원시 생명체에서 왔다면 지금과 같은 다양성의 성공 가능성은 거의 없다. 그들은 매우 불안정하여 애초에 다 죽어버렸을 가능성이 크다.

내가 가을에 마트에서 바질의 씨를 구하여 집 안에서 키우는 노력을 해보았다. 며칠의 인내를 거쳐 20여 개 이상의 싹이 텄는데 그러나 얼마 후 추위가 오면서 10여 개가 죽더니 한 달 후에는 그 나머지마저도 죽어버렸다. 계절을 잘못 택하여 싹을 틔우는 시도를 한 것이다. 생각해 보면 하나 혹은 소수의 것으로부터 저절로 생존을 이어갈

생명 만들기 실험(바질) 자연이라는 신이 생명 만들기 실험이라도 한 것일까? 그 소수의 혹은 하나의 생명은 어디에서 온 것일까? 무생물에서 생명이 저절로 만들어지는 것이 가능한 것일까? 다윈은 결코 이것에 대한 어떠한 답도 제시하지 못했다. 나는 바질이라는 이미 있는 생명체를 가지고 싹 틔우기 실험을 해볼 수 있었다.

가능성은 거의 없다.

그럼 자연이라는 신이 나와 같은 싹 틔우기(생명) 실험을 반복적으로 해서 셀 수도 없는 엄청난 횟수의 실패 후에 지금의 다양한 생명을 성공시켰다는 의미인가?

정말로 궁금한 것은 대체 그 소수의 혹은 하나의 생명은 어디에서 온 것인가?

무생물에서 생물이 저절로 만들어지는 것이 가능한가?

다윈은 이것에 대해서 어떠한 답도 하지 못한다. 다윈의 『종의 기원』은 말 그대로 종이 어떻게 진화했는지 혹은 다양해졌는지를 보여

주는 것일 뿐 생명이 어디에서 왔는지를 보여주는 것이 아니다. 생명에 대한 근원적 질문에는 전혀 답하지 못하는 것이다.

어떤 이는 진화론이 무신을 얘기한다고 하는데 진화론은 과학 이론 중 하나일 뿐 이것을 근거로 무신을 주장하면 그것은 진화주의 즉 사상이다. 과학을 사상, 믿음 혹은 주의로 발전시킨 것이다. 이것은 크게 잘못된 비약이다.

5. 진화 vs 변이

다윈을 말할 때 우리는 흔히 진화와 변이란 말을 사용한다. 우선 진화란 말을 살펴보자.

진화(進化, evolution)는 무슨 말인가?

다윈의 진화란 단순히 변이를 통한 주변 상황에 대한 적응과 생존을 의미한다. 즉 특정한 목적을 가지거나 방향성이 있지 않음에도 불구하고 한자어인 이 말은 마치 고급, 고등 혹은 복잡을 지향하는 것처럼 뉘앙스를 가진다. 그래서 꼭 진화라는 말을 들을 때 그것은 무슨 하등 생물에서 고등 생물로 혹은 단순한 생물에서 복잡한 생물로 뭔가 발전을 의미하는 듯한 느낌을 준다. 그러나 실제로 우리가 발견하는 것은 그렇지만도 않다. 어떤 생물에서는 사용하고 있던 과거의 기관들이 퇴화한 것도 많다. 이는 이 생물이 복잡화된 것이 아니라 단순화된 것이다.

요새는 어떤 사회, 조직 등에 다양하게 진화라는 말을 사용하는데 애초 진화란 말은 결코 개선 혹은 발전을 의미하지 않는다. 진화는 좋아지겠다는 목표가 있는 게 아니다.

그런데 한국사회의 진화, 금융 산업의 진화, 제과점 카페의 진화 등 여기서 진화는 어떤 의미로 사용되는 것일까?

다윈의 진화란 말은 개선 혹은 어떤 긍정적 의미를 내포하고 있는 것이 아니다. 그저 목적성 없는 당시 조건에 대한 적응 혹은 생존일 뿐이다. 그러므로 다윈의 주장을 말할 때 진화론이라는 용어를 사용하는 것은 타당하지 않다. 오히려 어떤 방향성에 대한 중립적 성격을 가지는 변화론이 훨씬 더 적절한 용어이다. 다윈의 변화론 이것이 어쩌면 더 적절하다.

나는 생물학이 전문 분야는 아니지만 새로운 종의 탄생에 대해서는 대체로 수긍하는 편이다. 흔히 이런 것을 소진화라고 하는 분들이 있던데 그것이 그렇게 불린다면 그렇게 사용해도 좋겠다. 사실 종이라는 것은 매우 정의하기 어려운 용어이다. 특히 미생물에게는 정말로 정의하기 어렵다고 한다. 종은 과학 발전과 철학적 배경에 따라 계속 변해 왔으나 현대에는 종은 생물학적으로 다른 종과는 서로 생식적으로 격리된 생물의 집단, 구체적으로는 유전적, 형태적 그리고 생리적 속성에 있어 다른 종과는 구별이 되는 생물군을 말한다.

다윈의 말대로 얼마든지 생명에는 변이가 있을 수 있다. 요즘 젊은 이들을 보면 예전 엄마·아빠 세대에 비해 대체로 키가 크고 얼굴도 갸름하고 하얗다. 이런 것들은 아마도 영양의 충분한 공급과 생활 환경과 관련이 있을 것이다. 발현 형질들이 유전자 자체에도 영향을 미쳐 유전되었을 것이다.

그런데도 요즘도 여전히 동일한 나이에도 불구하고 키가 아주 작은 학생도 있고 또 정말로 껑충 맞게 큰 학생도 있다. 어떤 경우에는 다른 학생과 달리 매우 특이하게 팔이 긴 소위 변이(종)라고 말할 수 있는 학생도 있을 것이다. 그럼 다윈식으로 이런 변이가 생존에 유리

시대	이름	몸의 크기	머리 골격	어금니	앞다리	뒷다리
제4기	에쿠우스 (현재의 말)	150cm		치관 / 주름	1	1
제3기 플라이오세	히파디온	120cm			1	1
제3기 마이오세	메리치푸스	90cm			3	3
제3기 올리고세	메소히푸스	60cm			3	3
제3기 에오세	에오히푸스	40cm			4	

말의 변화 고등학교 생물 교과서에 나오는 말의 소위 진화 모습이다. 지난 수천만 년 동안 몸의 크기, 머리 골격 그리고 다리 등도 많이 변하였다. 이들을 다른 종으로 분류하고 있지만 내 눈에는 그냥 그저 다 말이다. <그림: 에듀넷>

하여 강화되고 축적되고 유전되었다고 하자. 수백만 년이 흘렀고 전형적 모습의 원래 인간종은 도태되었고 이 변종이 새로운 종(?)으로 자리 잡았다고 하자.

그렇다고 이들이 인간이 아닌가?

호모사피엔스가 아니라 다른 것이 되는가?

물고기를 한번 생각해 보자. 아마도 같은 물고기 종이라고 하여도 항상 변이는 있을 것이다. 예를 들어 원종과 비교하면 지느러미가 매우 큰 물고기가 있는데 이것이 어떤 이유인지는 모르지만, 생존 경쟁에서 유리하여 살아남았고 이것이 여러 세대 간에 반복되고 축적되었다고 해보자. 그러면 이 종은 원종과는 뚜렷한 차이를 보이는 변종이 될 것이고 확실하게 자리를 잡으면 새로운 종으로 인정받을 것이다.

자! 이제 생각해 보자.

그러면 이 새로운 종은 물고기인가 아닌가?

이런 일이 반복하여 발생하면 언젠가는 육지로 올라갈 것 같은가?

내 상상력과 상식으로는 혹은 내가 배운 과학적 판단력으로는 별로 상상이 가지 않는다. 물론 내가 생물학적 지식이 적을지 모르지만.

다윈은 『종의 기원』을 쓰기 위해 다양한 동물 사육도 하고 식물 재배도 하였다. 또 동물과 식물 관찰 그리고 채집도 오랫동안 무수히 많이 했다. 그래서 동물과 식물이 변이에 대한 자연 선택 때문에 새로운 종이 나타나고 종이 다양해졌다고 한다.

그러면 동물과 식물도 하나의 조상에서 왔다는 말인가?

어디에 그런 관찰과 화석의 증거가 있는가?

다윈은 제한된 수의 식물과 동물 종의 변이를(예를 들어 새) 설명하였을 뿐 그들 상호 간을 넘나드는 소위 진화는 보여준 것이 전혀 없다. 이들은 애초부터 다르게 창조되었다고 하는 게 더 그럴듯하다.

소위 생존에 유리한 변이만 보존되고 전해지는 것이라면 왜 예쁘지도 않고 멋있지도 않고 쓸모도 없는 것들은 그렇게 유전이 많이 되나?

예뻐야 멋있어야 생존에, 종족 보존에 유리한 것 아닌가?

사람은 그럼 미인, 미남만 남아야 하는데 왜 그리 오랜 시간이 지났는데 이렇게 미모가 차이가 나는가?

6. 현재는 진화의 종착역인가?

흥미로운 것은 지금 현재도 흔히 아주 단순한 생물부터 아주 복잡한 생물까지 생명체의 스펙트럼은 매우 넓다. 다윈은 6천만 년 이상 변하지 않고 있는 하등 생물인 미생물이 존재하는 것을 보고 신의 창조를 부인하는 좋은 증거라고 해석하였다. 사실 화석을 보면 현재 사는 생물과 너무 비슷한 게 아주 많다(아이러니한 것은 이들의 종속 명이 지금 것과 완전히 다르다). 그렇게 오랜 시간 동안 하나도 변하지 않은 것이다.

그런데 정말 놀라운 것은 나는 옛날과 하나도 달라지지 않은 생물을 보면 이런 생각이 든다.

'아니 왜 이 종은 변하지도 않고 그대로냐, 다윈에 의하면 뭔가 변해야 하는데?' (물론 그의 설명 방식으로 보면 그 종이 변한다기보다 그 종은 도태되고 다른 종이 출현한다.)

이런 생물은 처음부터 완벽하게 만들어져서, 그래서 하나도 안 변하고 도태되지도 않은 것이 아닐까? (다윈은 충분히 일정 지점까지 진화하면 그 이상 변하지 않는다고 강변하지만.)

나는 이것이 하나님의 창조를 나타낸다고 해석하는데 다윈은 어떻게 이렇게 정반대의 해석을 할까?

다윈은 남자와 여자의 신체적인 차이 그리고 심리적인 능력 차이에 대하여도 먼 조상들 시절의 생존 투쟁, 번식 투쟁 즉 수컷이 암컷을 차지하려고 싸운 결과라고 한다. 그런데 왜 꼭 이렇게 남녀, 암컷과 수컷이어야 하는가에 대한 설명은 어디에도 없다. 생명은 암수가 있다.

왜 그래야 하는가?

차라리 한 성(性)이면 안 되나 번거롭고 힘들게 생존에 불리하게 왜 두 성으로 되어야 하나?

성경은 이 물음에 명쾌하게 답하고 있다.

> 여호와 하나님이 이르시되 사람이 혼자 사는 것이 좋지 아니하니
> 내가 그를 위하여 돕는 배필을 지으리라 하시니라 창 2:18

다윈은 피부색의 차이에 대하여 웃지 못할 어이없는 해석을 내놓기도 하였다. 더 검은 남자가 여자에게 더 매력적으로 느껴지고 그래서 더 검은 남자가 아내를 얻는 데 성공하여 그 형질이 강화되고 보존되었다고. 언제 여자들에게 한번 물어보아야겠다.

우리는 흔히 하등과 고등 생물(동물)이라는 말을 사용한다. 사실이 하등이냐 고등이냐 하는 것의 정의는 매우 모호하다. 우리는 그냥 외형적으로 보았을 때 덩치가 크고 복잡해 보이는 것을 고등이라고 한다. 이런 식으로 식물, 동물 등 개별 종류에 적용하는 것은 가능해 보이기는 하다. 예를 들어 원숭이와 사람을 비교하였을 때 원숭이는 열등하고 인간은 고등하다고 말하는 것이 일견 그럴듯해 보인다.

그럼 나무와 원숭이는 어느 것이 더 고등한 것인가?

진화론적 시각에서 보아서 조상에 해당하는 종류는 열등하고 더욱 나중에 나온 종은 고등한 것인가?

박테리아는 열등하고 인간은 고등한가?

그럼 왜 고등한 인간은 열등한 박테리아에 감염되어 죽는가?

사실 크리스천인 나의 시각에서 보면 하등, 고등이라는 말은 매우 불편하게 들린다. 하나님께서 생명을 창조하신 후에 얼마든지 변화는 있을 수 있다. 그러나 뭔가 부족하여 더 복잡해지고 개선된다는 개념은 힘들다. 요새는 흔히 유전자(DNA의 부분으로 유전 정보의 단위)의 수로 생각하는데 그 결과가 매우 흥미롭다.

과학자에 따라 조금씩 다르지만 대체로 인간의 유전자는 2만 개, 옥수수는 3만 2천 개, 쥐는 3만 개, 초파리는 2만 개, 꼬마 선충은 2만 개,

쌀은 5만 개 그리고 밀은 12만 개라고 한다. 유전자 수로 보면 인간이 초파리나 선충과 별다를 게 없고 또 밀보다 못한 하등 생물이다. 그러니 열등한 것이 고등한 것으로 진화한다는 주장은 별로 타당해 보이지 않는다.

어떤 진화론자들은 인간의 유전자 수가 다른 동물과 상당히 비슷한 것을 보고 혹은 배아가 비슷한 것을 보고 인간도 동물에서 진화한 것이라고 한다. 생각해 보면 결국 이것도 시각의 차이다.

하나님께서 여러 생물을 창조하신다고 하면 그들의 유전자를 모두 엄청 다르게 만드시겠는가?

내가 한다면 기본은 비슷하게 만들었을 것이고 약간만 차이 나게 하여 개성을 주었을 것이다. 고려청자, 조선백자 비슷한데 각기 특성이 있으며 모두 도자기(陶瓷器)이다. 다보탑과 석가탑 개성이 있지만 모두 탑이다. '이게 하나님의 마음 아닐까' 하고 상상해 본다.

그러니 변화는 몰라도 진화가 일어날 이유가 있을까?

다윈의 말대로라면 지금도 계속 모든 생물이 진화가 일어나야 한다.

그런가?

7. 화석은 오랜 시간에 걸쳐 만들어지는 것이다?

다윈은 생물학자이기 전에 뛰어난 지질학자였다. 그래서 비글호를 타고 탐사를 했을 때 현지의 지질 조사를 면밀하게 수행을 하였다. 그 결과 『종의 기원』에는 종의 진화를 설명하기 위하여 제9장과 제10장에서 지질학적 증거를 상세히 설명한다. 물론 그의 지질학적 지식은 영국 지질학회장 라이엘의 『지질학 원리』에서 배웠고 또 그와의 개인적 친분에서 나온 것이다.

그래서 자신의 주장을 확증하기 위해 지질학적 및 고생물학(화석학)적 해석을 제시하였고 특히 화석이 자신의 주장을 뒷받침하는 결정적인 이슈임을 알고 있었다. 즉 진화를 뒷받침하는 연속적인 중간고리(중간화석)만 발견하면 자신의 이론은 반론의 여지가 없이 증명되는 것이다.

그러나 그는 책에서도 밝히고 있지만 그런 중간 화석들을 제시하지 못하였는데 지질학적 기록의 불완전성(지층과 화석)을 변명으로 얼렁뚱땅 넘어갔다. 그러면서 언젠가 화석이 많이 발견되면 중간 화석 문제는 해결될 것이라는 희망적 기대를 내놓았다.

여기서 내가 말하고 싶은 것은 지질학에 대하여 잘못된 지식을 가지고 있는 일부 사람들이 교회 내에서 다윈의 진화론을 공격하기 위하여 혹은 그것의 근간을 제공하는 지질학(고생물학)을 공격하기 위하여(혹은 지질학이 말하는 오랜 지구 나이를 무효로 하기 위하여) "화석은 매우 오랜 기간에 걸쳐 만들어진다"라고 지질학에서 가르친다고 말한다는 것이다(또는 지질학자들이 그렇게 얘기한다고 말한다).

그러면서 여러 사례를 들어 화석이 격변적인 사건에 의해 빠르게 만들어짐을 보이고, 그러므로 지질학에서 말하는 화석의 주장(오랜 지구)은 거짓이며 또 진화론도 틀렸다는 식으로 주장한다. 한순간에 지질학자들을 거짓말쟁이 또는 사기꾼으로 전락시키는 것이다.

사실 이런 오해에는 지질학자들의 책임도 있다. 우리가 관심 없는 틈에 초·중·고등학교에서 잘못된 교과서로 진화론을 잘못 가르치듯이 과학(혹은 지구과학) 교과서에서도 오류가 있고 또 잘 이해하지 못한 교사들이 잘못된 교육을 하고 있기 때문이다(둘 다 교수의 책임이다). 나는 이 책을 준비하면서 깜짝 놀랐다.

내가 대학에서 화석이 만들어지는 과정에 대하여 스승들께 배운 것이나 내가 교양으로 가르친 일반지구과학 과목에서 설명하는 것과 너무 달라서이다. 화석이 만들어지는 표준적인 과정에 대한 정답을 먼저 제시하면:

① 우선 생물이 퇴적물에 의해 빨리 매몰되어야 한다. 살아있는 상태가 더 가능성이 크며, 죽었으면 다른 생물에 먹힐 수 있으므로 부패하기 전에 빠르게 매몰되어야 한다.
② 파묻힌 후 그 상부에 두껍게 퇴적물이 쌓여서 외부와 차단되어야 한다. 두껍게 퇴적물이 쌓이는 과정은 급격할 수도 있고 (예를 들어 저탁류, 홍수 등 급변적 사건) 혹은 조금 느린 과정이어도 괜찮다.
③ 시간이 지나면서 무른 살들은 부패하고 단단한 골격(뼈)만 남게 된다. 때에 따라 딱딱한 골격이 없어도 몰드(mold) 혹은 캐스트(cast)화석으로 남을 수 있다.
④ 두껍게 쌓인 퇴적물의 강한 압력에 의해 오랜 기간에 걸쳐 암석화 과정을 거쳐 화석이 된다.
⑤ 화석이 들어있는 지층이 융기하고 풍화를 받아 지표면으로 드러나면 화석으로 발견된다.

아래 그림에서 삼엽충에 대한 초등과학 교과서를 보면 우선 "삼엽충이 바닥에 가라앉는다"라는 말이 오해를 불러일으킨다. 살았건 죽었건 그냥 가라앉으면 다른 생물에 먹히거나 바다에서 금방 부패한다. 그러므로 화석이 되지 못한다. 가라앉는다는 표현으로 보면 죽었다는 뜻인데 죽으면 화석이 될 가능성이 더욱 작다. 그 다음 글 "물에

화석이 만들어지는 과정

실험 관찰 38쪽에 사용하세요.

3 퇴적물이 계속 쌓여 오랜 시간이 지나면 삼엽충의 몸체가 화석으로 변한다.

1 바다에 살던 삼엽충이 바닥에 가라앉는다.

2 물에 의하여 운반된 퇴적물이 삼엽충 위에 쌓인다.

4 풍화 작용이나 침식 작용으로 지층이 깎이면서 삼엽충 화석이 지층 위로 드러나게 된다.

화석이 만들어지는 과정 초등과학(3-2) 과학 공부 교과서에서 화석이 만들어지는 과정에 대한 순서 맞추기 퀴즈(설명)가 들어있다. 근본적으로 잘못된 설명이 어떻게 이렇게 버젓이 교과서에 실린 것인지 경악할 일이다. <초등과학 교과서>

의하여 운반된 퇴적물이 삽엽충 위에 쌓인다"도 틀린 표현이다.

위의 두 문장을 합쳐서 "삽엽충이 퇴적물에 의해 빠르게 매몰된다"라고 표현해야 옳다. 느린 매몰과 추기의 느린 퇴적은 어떤 경우에도 화석이 될 가능성이 작다.

그다음 글에서 "퇴적물이 계속 쌓여 오랜 시간이 지나면"도 오해를 일으킨다. 일단 매몰되면 그 위에 두껍게 쌓이는 퇴적물은 매몰과 동시에 그렇게 되어도 되고 아니면 오랜 시간에 걸쳐 두껍게 쌓이면서 암석화가 되어도 된다. 빠르게 쌓이든 느리게 쌓이든 암석화가 되는 과정은 매우 오랜 시간이 걸린다는 것이다.

부드러운 퇴적물이 딱딱한 돌이 되는데 얼마나 오랜 시간이 걸리겠는가?

다시 원래로 돌아가서 "화석은 매우 오랜 기간에 걸쳐 만들어진다"라는 말은 정확하게 맞는 말이다. 그러나 이것은 "화석은 생물이 매우 빨리 매몰되고 오랜 기간에 걸쳐 암석화되어 만들어진다"라는 말의 축약된 표현일 뿐 매몰 자체가 천천히 일어나야 한다는 의미가

물고기 화석 화석에 대해 오해한 일부 사람들이 위와 같은 그림(작은 물고기를 먹는 모습의 화석)을 제시하며 화석은 급격한 매몰 때문에 만들어지는데 지질학자들은 화석이 아주 오랜 기간에 걸쳐 만들어진다고 거짓말한다면서 더 나아가 정통지질학의 오랜 지구연대 주장까지 공격한다. 위의 그림은 빠른 매몰에 의한 화석형성을 잘 보여주며 상기 오해는 지질학에 대한 무지의 소산이다. <사진: 구글>

아니다. 사실 이러한 오해 때문에 아래와 같이 급변적 사건(저탁류, 홍수 등)에 의한 빠른 매몰로 살아서 일상적인 행동을 하던 생물이 화석화된 것을 여러 가지 보여주면서 잘못된 주장을 한다.

"자! 보라. 지질학이 틀렸다. 이렇게 화석이 빨리 만들어지는데 무슨 화석이 오랜 기간에 걸쳐 만들어진다는 말이냐?"

그러니 "지구의 오랜 연대라는 것도 믿을 게 못 된다"까지 확장된다. 다시 말하지만, 화석은 빨리 매몰되고 오랫동안 암석화되어 만들어진다. 즉 합치면 "화석은 오랫동안 만들어진다"가 맞다.

그런데도 화석 자체는 매우 만들어지기 어렵다는 것을 알아야 한다. 급격한 매몰이 발생하는 급변적 상황이 일반적으로 잘 발생하지 않기 때문이다. 그러므로 발견된 화석이 없다고 무조건 타박하는 것은 지질학에 대하여 혹은 화석화 조건과 과정에 대하여 무지하다는 말에 불과하다. 한 가지 더 말하고 싶은 것은 화석의 발견 빈도에 대한 것이다. 지금까지 발견되는 화석의 거의 대부분이 바다 생물이다. 육지 동물은 거의 없다. 이건 너무도 당연한 일이다.

바다 아래에 사는 생물(조개, 물고기 등)은 퇴적물에 의해 매몰될 가능성이 크지만, 육지 동물이 다니다가 매몰될 일이 무엇이 있겠는가?

육지생물은 살아서 매몰되기 전에 혹은 죽었다고 해도 다른 생물에 먹히거나 빨리 부패하기 십상이다.

물가에 사슴이 사자에게 잡아먹히는 경우와 갑자기 흙탕물에 매몰되는 사건 중 어떤 것이 일어나기 쉽겠는가?

8. 중간 화석은 있는가?

흔히 진화론에 대해 비판을 할 때 중간종(화석)이 없음을 얘기한다. 다윈도 인정했지만 이건 지금도 상당히 진실에 가깝다. 그런데 여기서 우리는 중간 화석의 의미를 정확히 이해해야 한다. 예를 들어보자. 현재 세상에는 원숭이와 사람이 있다. 그러면 교회 사람들은 말한다.

"진화론이 맞는다면 원숭이와 사람의 중간 형태가 있어야 한다. 그런 게 어디 있냐?"

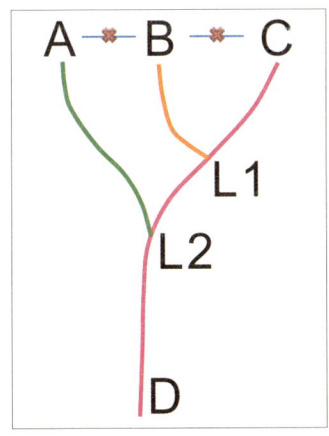

중간 화석 중간 화석이 무엇인지 정확히 알아야 한다. 현존 종(A, B, C)들 사이가 아닌 그들의 공통 조상과 현존 종 사이를 중간화석이라고 한다. 그러니 진화론을 말하면서 원숭이가 사람의 조상이라는 말은 무지한 말이다.

원숭이 진화 교과서에서 또 일반인들에게 원숭이가 사람이 된 것처럼 그림과 같이 연속적으로 변하는 것으로 표현함으로써 진화론을 오해하고 잘못 교육하고 있다. 사실 과학 교사들도 다윈의 진화를 제대로 이해하지 못하고 있으니 일반인은 오죽하겠는가? <개별 그림: 픽사베이>

이건 다윈이 말한 진화론을 잘못 이해한 것이다. 정확히 말하면 원숭이가 사람으로 진화되었다는 것이 아니라 원숭이와 사람의 조상이 같다는 것이다. 그러므로 우리는 그 공통 조상과 사람의 중간 화석이 있는지를 물어야 한다. 그것도 연속적으로 그리고 그 공통 조상과 사람의 차이는 사람과 원숭이 차이보다 매우 작아야 한다.

흔히 진화를 표현할 때 위와 같이 연속적인 변화 모습을 보여줌으로써 다윈의 진화를 혹은 생명 계통수(系統樹)를 오해하고 있다. 정확히 이해할 필요가 있다. 현재 함께 살고 있는 사람, 원숭이, 침팬지가 공통의 조상에서 유래하였다는 것이다. 그러므로 이들의 중간 화석은 그들 사이의 중간 화석이 아니라 그들 공통 조상과 그들의 중간 형태를 말한다.

그러므로 우리가 진화론을 공격하려면 이 중간 화석을 요구해야 한다. 즉 아래 그림에서 현재종 A, B, C 사이의 중간 화석을 요구하는 것이 아니라 C와 D 사이의 L1, L2를 보이라고 하거나 그들 사이의 중간 화석을 보이라고 압박하는 것이 타당하다.

사실 다윈도 『종의 기원』에서 위에서 말한 과도기적 중간 화석이 지질학적 지층에서 점진적, 연속적으로 나오지 않는 치명적인 문제를 시인하고 있다. 또 고생대 캄브리아기에 수많은 종의 화석이 갑자기 나타나는 것도 설명 하지 못하고 있다. 당시 다윈은 이런 문제에 대한 변명으로 라이엘이 말한 지질학적 기록의 불완전성을 크게 내세우고 있다.

본래 화석이 만들어지기 어렵다는 것, 그때까지 조사한 지층이 지구 표면의 극히 일부라는 것, 여러 지각작용과 풍화 등으로 인해 화석이 보존되기가 어렵다는 것 등 매우 많은 변명을 제시하였다. 그래서 이런 지질학적 증거의 부재를 이유로 자신의 진화론을 전면 거부할 것을 이미 걱정하고 있었다. 그럼에도 불구하고 그는 자연 선택 이론(진화론)을 확고하게 주장하였다.

그럼 논란이 되는 대표적인 소위 중간 화석의 예를 들어보자. 일반적으로 우리는 공룡(파충류)에서 새(조류)로 진화가 이루어졌다고 알고 있으며 그 중간 화석이 시조새라고 한다. 그런데 이 시조새에 대하여 논란이 많다.

2011년 12월에 소위 교과서진화론개정추진위원회(교진추)가 교과부에 시조새는 파충류와 조류의 중간종이 아니므로 과학 교과서에서 삭제해 달라는 청원을 하였고 교과부가 이를 출판사에 미루었고 논쟁을 원하지 않은 일부 출판사가 삭제 혹은 수정하겠다고 이를 받아들임으로써 과학계에 엄청난 파문이 일었다.

시조새 화석 2005년 국제적 과학 잡지 「사이언스」에 날개와 꽁지깃의 흔적을 드러낸 10번째 시조새 화석이 공개되었다(크기는 대략 30cm). 지질학자(고생물학자)들은 일반적으로 이 시조새를 파충류와 시조새의 중간 화석으로 인정하지만, 여전히 논란은 있어 보인다. 보통의 공룡처럼 상당히 클 것이라고 기대하였다면 실망할 것이다. <사진: 사이언스>

세계적 과학 잡지인 「네이처」(2012년 6월)는 창조론자들의 요구에 한국 정부가 굴복했다는 제하의 뉴스를 내기도 하였다. 그러나 과학계는 교진추의 주장을 수용하지 않았고 대대적인 개정 반대 서명 운동을 벌였다. 나도 당시 개정에 반대하는 서명에 참여하였다.

교회 내 일부 사람들과 일부 과학자들은 이 시조새를 전혀 인정하지 않는데 부인하는 근거가 되는 이들의 주장을 몇 가지 살펴보자.

① 새의 화석이 시조새(중간 화석)보다 더 오래된 지층에서 다수 발견된다.

② 지금도 날개 끝에 발톱이 있거나 이빨을 가진 조류도 있다.
③ 한 학술 대회에서 시조새를 완벽 비행이 가능한 멸종 조류라고 했으며 진화론자인 홀 등(2008)은 물떼 새의 일종이라고 주장했다.
④ 최근에 슈 등(2011)의 중국 고생물학자들은 시조새가 파충류와 조류의 중간종이 아니며 그냥 깃털이 달린 공룡이라고 주장했다.
⑤ 파충류와 조류는 해부학적 구조가 전혀 다르다. 이런 신체 구조들이 동시에 한 번에 바뀌지 않으면 중간 형태로 생존할 수 없다.
⑥ 최초의 시조새는 일부 과학자들이 위조한 것이다.

사실 위의 주장들에 대하여 진화론자 혹은 전문 과학자들은 몇 가지는 그럴듯한 반론(설명)을 내놓았지만, 나머지는 그렇지 못하다. 현재 내가 아는 지질학적 지식으로 보았을 때 시조새가 중간 화석으로서 그렇게 만족스러운 증거로 사용되기에는 불완전하다. 물론 나의 지인 고생물학자는 시조새의 중간 화석으로서의 가치를 인정하며 실제로 최근에 추가적인 시조새 화석이 나왔다고 한다.

그런데 이런 화석들에 대한 종 분류가 대부분 형태적인(morphology) 것에 근거하는 경우가 많은 점도 신뢰하기 어려운 부분이다. 또한, 시조새가 파충류와 조류의 중간 화석이 된다고 하여도, "그럼 이 시조새와 새 사이의 연속적인 중간 화석은 있느냐" 하는 문제가 다시 대두된다. 물론 화석 자체가 만들어지기 어렵다는 것을 인정한다고 해도 연속적인 중간 화석의 부재는 결국 파충류에서 조류에의 진화를 확정하지 못한다. 뭔가 주장을 하려면 그 주장을 하려는 사람이 (그걸 거부하려는 사람이 아니라) 매우 확실한 증거를 제시하는 것이 당연한 의무이다.

9. 현대의 진화론

현대의 진화론은 다윈의 진화론과는 아주 다르다. 모든 과학이 그렇듯이 이것도 불완전하여 계속 수정되고 수정되었다. 처음에 진화의 기작으로 주장한 생존 경쟁과 더불어 이제는 협동도 매우 중요한 기작으로 인식하고 있다. 생물학적으로는 다윈이 전혀 알지 못하였던 유전자(gene)를 기초로 현대 진화론이 기술되고 있다.

다윈은 종 혹은 개체가 진화된다고 보았지만, 현대 과학은 유전자가 진화된다고 한다(이런 점에서 다윈의 진화론은 이미 폐기된 것이다). 다윈은 당시 왜 변이가 일어나는지 또 변이가 어떻게 유전되는지도 알지 못하였다. 기초적인 유전의 법칙조차 『종의 기원』이 발간되고 나서 1865년에 멘델의 완두콩 교배 실험으로 수립되었다. 그러나 아쉽게도 다윈은 이 유전 법칙에 관심을 기울이지 않았다.

현대의 진화론에서는 다윈의 진화 기작인 자연 선택과 유전자 부동(浮動, genetic drift)을 주요 기작으로 설명한다. 자연 선택은 환경의 작용에 영향을 받아 생존에 유리한 유전 형질(genetic character)만이 선택된다는 것이다. 그리고 유전자 부동은 한 세대에서 다음 세대로 대립 형질(혹은 유전자)이 유전될 빈도가 무작위적(random)이라는 것이다. 이처럼 유전자 수준에서 더욱 세련되게 설명을 하고 있으나 종의 변이를 설명하는 것 외에 이것으로 생물의 종류가 바뀌거나 생명의 기원을 설명할 수 있는 것은 아니다.

10. 진화론은 하나의 과학 이론이지 진리가 아니다

진화론은 기본적으로 과학 이론의 하나이다. 과학이란 언제든지 폐기될 운명에 처한다. 진화론도 다윈 때로부터 계속 변하고 있다. 이것을 하나님의 창조와 비교하여서는 안 된다. 하나님의 창조는 과학의 영역이 아니기 때문이다.

만약 다윈에 의한 진화가 우연과 무목적성의 자연 선택에 의한 것이라면 우리는 전혀 예측성을 가질 수 없다. 앞으로 어떤 식으로 생명이 변할지, 예를 들어 미래에 나타날 생물 변화에 대하여 전혀 예측할 수 없다. 이것은 과학의 기본적 특성에 맞지 않는다. 우리가 과학을 하면서 기대하는 것은 단순한 법칙을 통해 예측이 가능하리라는 것인데 우연과 우연적 선택으로는 예측은 불가능하다.

아울러 검증과 재연도 불가능하다. 과거 일어난 진화가 우연의 산물이므로 다시는 동일하게 일어나지 않는다. 오로지 과거 기록만 있을 뿐이다. 그런 의미에서 진화론은 실험 과학이 아니라 역사 과학이라고 보는 것이 타당하다. 그런데 그 역사(화석)가 진화론을 반드시 옹호하는 것만은 아니다.

다윈은 창세기 말씀을 보고 하나님이 모든 생명을 처음부터 모든 종수대로 만드셨다는 뜻으로 이해했고, 그는 그게 아니라 소수의 종에서 수많은 종이 생겨났다고 주장하는 것이다. 그런데 하나님이 종류(kind)대로 창조하셨다고 해서 그것이 현재 지구 상에 있는 수백만 종(species)의 생물을 하나하나 창조하셨다는 것으로 이해할 필요는 없다.

그 종류가 종이 아니라 그보다 위의 속, 과, 목, 강이면 어떤가? 태초에 제한된 수의 종류대로 창조해놓으셨다면 이후에는 얼마든지 변이를 통해 다양성이 만들어질 수 있다.

이게 궤변이고 타협처럼 보이는가?

글쎄다. 다원의 진화론이 일부가 혹은 전부가 맞다고 하여도 전혀 하나님의 창조가 부인되지 않는다.

최초 하나의 혹은 소수의 생명체를 누가 만들었겠는가?

11. 진화론 때문에 하나님을 안 믿고 또 교회를 떠난다고?

어떤 분들은 진화론 혹은 진화론 교육이 사람들이 하나님을 믿지 않고 또 교회로부터 멀어지게 한다고 말한다. 그것의 근거로 어릴 때는 엄마·아빠랑 교회도 잘 다니고 주일학교도 즐거운 마음으로 다니더니 중학교, 고등학교 그리고 결국 대학생이 되더니 교회를 떠나더라는 것이다. 그것의 중요한 이유가 학교에서 배우는 진화론에 있다고 본 것이다. 일부는 진실이라고 동의할 만한 것 같다. 태어나서부터 삶의 전부를 좌우하는 물질문명, 황금 제일주의, 물신주의, 외모지상주의, 모든 것이 소위 진화론과 상관이 있는 것 같기도 하다.

그런데 내가 작년에 크리스천이 되고 나서 다수의 학부생 및 대학원생들과 면담을 하면서 하나님을 믿지 않거나 혹은 교회와 멀어진 이유를 물어보니 그 답이 꽤나 흥미로웠다. 하나같이 진화론이 뭔지 잘 모른다는 것이다. 중고등학교 다닐 때 심지어는 대학교에 와서도 진화론에 대하여 배우긴 한 것 같은데 내용은 하나도 기억이 안 난다고 한다. 굳이 기억을 해보자면 다원이 만든 것이고 사람이 유인원에서 진화했다고 하고 요새는 DNA 관점에서 설명한다고 하는 정도다.

엥! 이건 실망인데. 진화론 땜에 하나님을 안 믿고 교회 안 간다고 생각했는데 이건 의외의 답이네.

호프집으로 변한 유럽의 교회 진화론, 자유주의 신학 이런 것들 때문에 교회가 망해 가고 있는 것일까? 우리 크리스천들이 예수님의 가르침을 삶 속에 실천하지 않아서가 아닐까? <사진: 구글>

   혹시 유인원에서 사람이 왔다고 혹은 원시 물질에서 사람이 진화를 통해 만들어졌다고 믿느냐고 물으면 그것도 아니라고 한다.
   진화론이 뭔지도 모르는데 무슨 그것 때문에 하나님을 믿고 안 믿고 하겠는가?
   그것도 젊은이들이. 그들은 사실 진화론이고 창조론이고 관심이 없어 보인다. 최근 내가 가장 놀란 것은 내 주변에 교수님 중에 생각보다 크리스천이 많다는 것이었고 또 내 수업을 수강한 학생 중에도 크리스천이 적지 않다는 것이다. 수업 시간에 비유가 필요하여 혹시나 해 "교회 다니는 사람 손들어 보세요" 했는데 한 과목에서는 수강생 25명 중에서 2명 그리고 타 학과 다른 과목에서는 30명 수강생 중에 단 한 명도 없었다.
   그런데 학기 말 강의가 끝나고 성적이 나온 상황에서 자신의 시험지와 학점을 확인하러 온 학생들이 있어 용무를 끝내고 갈 때 내가 "○○ 양, 예수님 믿으세요" 하고 권면하면 싱긋 웃으며 "교수님, 저 교회 다녀요" 하고 내 방을 나간다.

헐! 이런 민망할 때가.

아니 교회를 다니는데 왜 수업 시간에 물어보았을 때 다니는 것을 숨겼을까?

요새 이순신 신앙이라고 하더니 그건가?

내가 크리스천인 것을 남에게 알리지 말라!

요즘은 학생들 사이에 믿는 학생들도 스스로 크리스천이라고 밝히지 않는다. 우선 그렇게 하였을 경우 행동에 많은 제약을 받는다고 한다. 술을 마셔서도 또 무슨 일탈 행동을 해서도 안 된다는 강제된 자기 규제가 발동한다. 무슨 행동을 하였을 경우 주변으로부터 평가를 받기 때문에 늘 주의를 해야 한다는 스트레스를 받는다고 한다(사실 신실하게 믿는 자에게 이런 일로 스트레스를 받는다는 것은 이상하다).

그리고 더 결정적인 것은 소위 기독교인에 대한 사회의 일반적 인식 때문이다. 흔히 개독이라고 불리는데 기독교인이라고 더 착하지도 더 모범적이지도 더 봉사하지도(교회 내 봉사를 말하는 게 아니다) 더 도덕적이지도 않다고 인식한다. 특히나 사회의 지도자로 인식되는 대형교회 목사, 정·재계의 크리스천 유력인들이 저지르는 각종 비리와 비행을 너무 흔하게 접한다. 일반인이 보기에 교회가 그리고 기독교인이 더 악랄하고 더 돈을 밝히는 것 같다. 더 세상을 사랑하는 것 같다.

그러니 교회 다닌다고 하면 당장 안 믿는 친구들이 비아냥을 한다.

"야, 너 개독이냐?"

"너도 먹사한테 돈 갖다 바치냐?"

"야, 누구 목사는 대형교회를 자기 아들에게 물려준다며?"

그리고 한 가지 더 있다.

"너도 6천 년 믿냐?"

크리스천은 하나님을 바라보고 가지만 안 믿는 사람은 하나님을 믿는 사람 즉 우리를 보고 기독교와 하나님을 판단한다. 그리고 우리를 통해 기독교를 믿을지 말지 결정한다. 그런데 하나님 믿는 우리가 이 세상의 빛과 소금이 되지 못하고 있다. 그래서 개독 소리 듣기 싫어서 교회에 안 간다. 이게 더 진실에 가깝다. 진화론 때문이 아니라.

어느 날 교내 선배 교수님이 내 건강이 염려되어 내 연구실에 잠깐 들리셨는데 이런 저런 얘기 나누다가 내 신앙을 밝히게 되었다.

"교수님, 저 이제 크리스천입니다."

"그래요. 우리 주변에도 독실한 크리스천 교수님 많은데."

그 말을 듣는 순간 망치로 세게 얻어맞은 것 같았다.

첫째, 한 번도 그분들에게 전도를 받지 못했기 때문이다.

둘째, 내가 10여 년을 겪어온 바에 의하면 미안하게도 그분들이 술·담배 안 하거나 적게 한다는 것 빼고는 더 착하거나 더 봉사하거나 더 양보한다거나 더 도덕적이라는 느낌을 빋지 못하였기 때문이다.

크리스천이면 보여야 할 사랑, 희생과 봉사는 보지 못했다. 세상에서 일반인과 별로 구별되는 게 보이지 않았다. 하나님은 우리보고 "거룩하여지라"고 "구별되라"고 하셨는데(레 11:44~45; 19:2). 나 혼자 구원받고 나 혼자 복 받아 잘 먹고 잘 살자는 생각이면 주위에 감동을 주거나 전도할 어떤 설득력도 없다.

그러니 교회는 진화론 때문이 아니라 우리 크리스천 때문에 망하고 있는 것이었다. 세상에서 소금 역할을 못 하고 있는 우리 때문이다. 교회에서 회개하고 봉사도 많이 하면서 세상에 나오면 전혀 구별되지 않고 더 사랑하지도 더 희생적이지도 않다.

> 기록된 바와 같이 하나님의 이름이 너희 때문에 이방인 중에서 모욕을 받는도다 **롬 2:24**

빅뱅 이론

하나님이 이르시되 빛이 있으라 하시니 빛이 있었고 창 1:3

생명의 기원과 함께 우리가 가장 궁금증을 가지고 있는 것이 우주의 기원이다. 성경에는 지구와 해, 달, 별이 하나님의 말씀으로 창조된 것으로 나온다. 그러나 상당수 현대의 과학자들은 소위 빅뱅(big bang, 대폭발) 우주론을 우주의 기원으로 인정하고 있다. 이 우주론은 진화론과 마찬가지로 하나님의 창조를 부인하는 대표적인 과학 이론으로 인식되고 있다.

그런데 크리스천이 되고서 알게 된 사실 중의 하나는 믿는 사람 중에 몇몇 과하게 열심인 사람들이 진화론과 빅뱅 이론을 극단적으로 비판하고 거부하고 이들 두 이론을 깨면 마치 하나님의 창조가 증명되는 것처럼 생각하는 사람들이 있다는 것이다.

'아! 이것도 문제구나. 과학이 무엇인지 모르다 보니 불필요한 열심을 보이는구나.'

'과학은 그 전공 과학자에게 맡겨도 되는데.'

이런 생각들을 하게 되었다.

나는 2007년 강원대학교에 부임하고 나서 첫 학기부터 일반지구과학을 교양으로 꽤 많은 학생에게 가르쳤는데 그 내용 중에 빅뱅 이론이 포함되어 있었다. 크게 고민 없이 그냥 내가 이해한 바대로 나름 재미있게 가르쳤는데 10년이 지난 시점에서 보면 잘 알지도 못하면서 가르친 것이 부끄럽기도 하고 또 다른 측면에서 이해되는 부분이 있어 신기하기도 하다. 물론 지금도 잘 이해하지 못하는 부분도 있지만. 지질학과 마찬가지로 많은 과학자가 평생을 두고 연구해도 잘 모르는 천문학(우주론)을 내가 잠깐 공부해서 안다고 하면 그것은 교만일 것이다.

여기서는 전문적인 천문학자가 아니라 일반인과 다름없는 나 같은 지질학자가 이해한 빅뱅 우주론을 설명하고자 한다.

1. 중세의 우주론

1500년대에 들어 인류의 태양계에 대한 이해가 크게 증진되었다. 과거에는 고대 그리스(1세기)의 천문학자 프톨레마이오스의 체계에 따라 지구를 중심으로 태양이 운행된다고 생각하였고 또 우주의 중심이 지구라고 생각했다(지구중심설 혹은 천동설, 그의 스승 아리스토텔레스의 생각과 유사). 그러나 1543년 폴란드 천문학자이자 신부인 코페르니쿠스는 저서 『천구의 회전에 대하여』를 통해 지구의 자전과 정지해 있는 태양 중심의 지구 공전을 주장했다. 그의 주장은 당시 서구 사회에 매우 충격적이고 획기적인 것이었다. 물론 지구가

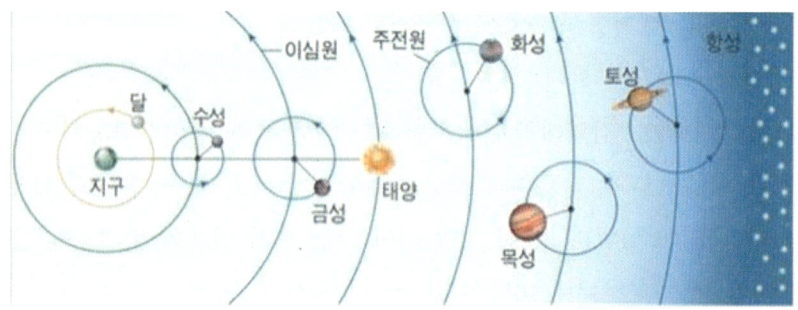

프톨레마이오스 우주 프톨레마이오스(아리스토텔레스)적 우주관. 지구를 중심으로 공전하고 있으며 별들은 제일 외곽에 위치하고 있다. <그림: 구글>

등속 원운동을 한다는 것과 태양이 정지해있다는 것은 지금 과학으로는 틀린 생각이었지만.

태양을 중심으로 한 지구 공전의 생각은 이탈리아 천문학자 갈릴레이에게 이어진다. 그는 1610년 직접 제작한 망원경으로 태양의 흑점, 달의 표면, 금성의 위상 변화 그리고 목성의 위성들을 관찰했고 이 관찰 결과들이 지동설을 지지한다고 주장했다.

그러나 그의 이런 주장은 로마 가톨릭에 의해 시련을 받는데 1616년 교황청은 성서의 내용과 맞지 않는 코페르니쿠스의 학설을 주장하거나 옹호하지 말아야 한다고 강요했다. 그러나 갈릴레이와 친분이 있는 추기경이 교황이 된 후에는 다소 우호적 관계가 있었으나 1632년 발간한 『천문대화』는 우회적이지만 지동설 주장에 치우쳐져 있어 교황을 분노케 해 1633년 교황청의 종교 재판에 처했다. 그는 불명예스럽게 자신의 이론을 철회했고 9년간 가택 연금에 처해졌다.

사람들은 흔히 갈릴레오 갈릴레이의 사례를 들어 종교에 의한 과학의 탄압을 얘기한다. 그래서 자주 기독교는 비과학적이며 과학을 부당하게 탄압하는 종교로 인식되기도 한다. 어떤 이들은 이를 과장

갈릴레오 재판 갈릴레오 갈릴레이의 종교 재판은 일반적으로 종교와 과학의 갈등으로 인식되지만, 진실의 다른 측면도 있다는 것을 알아야 한다. <그림: 위키미디어 커먼스>

하여 '기독교와 과학의 전쟁'으로 부르기도 한다. 그런데 사실 감추어진 다른 진실도 있다는 것을 알아야 한다. 갈릴레이는 과학적 재능은 뛰어났으나 사교적이거나 별로 설득적이지 못한 사람이었다.

피사대학교(Università di Pisa)에 다니면서도 그는 매우 논쟁적이었고 그래서 주변에 적이 많았다. 자신의 지동설을 종교 재판정에서도 사람들에게 잘 설명하지 못하였다. 당시 그의 이론은 공전 속도가 일정한 원운동으로 지금의 타원 궤도와는 전혀 달랐고 이전의 천동설과 비교하여 더 나은 점도 별로 없었다.

사실 당시 종교계 내에서도 갈릴레이의 생각에 동조하는 사람들도 많았다. 갈릴레이의 종교 재판이 종교와 과학과의 갈등에 의한 것이라기보다 구교 세력과 신교 세력의 갈등 또는 다르게는 아리스토텔레스 우주관을 가진 사람과 코페르니쿠스적 우주관을 가진 세력의 싸움으로 보는 것이 더 적절하다.

따라서 갈릴레이가 종교 재판에 회부된 것을 진실에 대한 종교의 탄압이라고 보는 것은 본질을 왜곡시킨 것이다. 종교 재판을 받고 나온 그가 "그래도 지구는 돈다"고 말했다고 하는데 이것은 전혀 근거가 없는 낭설이다. 당시 오랜 기간의 가톨릭 지배에서 벗어나려는 인간의 이성을 존중하는 계몽주의 사회 분위기에서 갈릴레이를 과학적 진리의 순교자로 만들려는 사람들의 의도가 만들어낸 신화이다.

2. 빅뱅 이론의 대두

1900년대에 들어 태양계를 벗어나 보다 큰 우주에 대한 여러 학자의 우주론이 대두되었다. 그중에서 가장 유력했던 두 가지 학설은 정상우주론(steady-state theory)과 빅뱅 우주론이다. 정상우주론은 기본적으로 우주는 태어나거나 소멸하는 것이 아니며 시간과 공간과 관계없이 변하지 않는다는 것으로 1920년대 영국 물리학자 제임스 진스(Sir James Hopwood Jeans)가 최초로 제시한 이래 1948년 헤르만 본디(Hermann Bondi), 토마스 골드(Thomas Gold) 그리고 프레드 호일(Sir Fred Hoyle) 등의 영국학자들에 의해 발전하였다.

이 정상우주론의 우주는 시간 상으로는 시작도 끝도 없으며(영원하며) 우주의 팽창에도 불구하고 공간 내에서 새로운 물질이 지속해서 탄생하여 평균 밀도가 유지된다는 것이다. 그러나 이 우주론은 1960년 이후 빅뱅 우주론이 우위를 점하면서 쇠퇴의 길로 접어들었다.

빅뱅 이론은 정상우주론과 달리 우주는 시작이 있으며 최초에 아주 작은 점에서 폭발하여 시간, 공간 및 물질이 만들어 졌으며 우주는 계

3장 빅뱅 이론   93

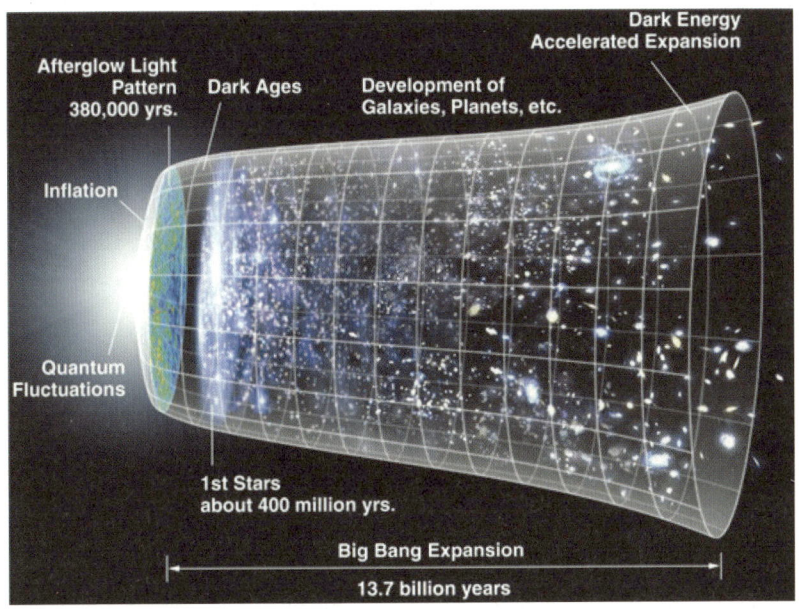

대폭발 우주론 한 점에서 어느 순간 대폭발이 일어나면서 시간, 공간, 물질이 탄생하였고 이후 계속 팽창하여 지금의 우주가 되었다는 현대의 표준 우주론이다. 그러나 이 우주론은 처음 물질이 어디서 왔으며 왜 폭발했으며 대폭발 전에는 무엇이 있었는지를 설명할 수는 없다. <사진: 위키미디어 커먼스>

속 팽창하고 있다는 주장을 담은 현대의 표준 우주론이다. 아이러니하게도 빅뱅(대폭발)이라는 말은 정상우주론의 대표적 학자인 프레드 호일이 1949년 BBC 토론 프로에 나와 "그럼 태초에 빅뱅, 뭐, 이런 게 있었다는 말인가"라는 식으로 비웃는 과정에서 나왔다고 한다.

우주가 가만히 있는 게 아니라 역동적으로 팽창한다는 이 우주론은 1920년대 러시아 수학자 알렉산더 프리드만과 벨기에 사제이자 천문학자였던 조르주 르메트르에 의해 주장되었다. 흥미로운 것은 아인슈타인과 같은 대단한 물리학자도 우주는 항상 변함없이 일정하다고 믿었는데 나중에 팽창하는 것을 알고 자신의 실수를 인정하기도 하였다.

한편 프리드만과 르메트르에 의한 팽창하는 우주론은 1940년대 말 랄프 알퍼(Ralph Asher Alpher), 로버트 허먼(Robert Herman) 그리고 조지 가모프(George Gamow) 등의 미국 학자들에 의해 발전되었고 이후 많은 학자들에 의해 수정·보완되었다. 빅뱅 우주론에 의하면 약 138억 년 전 무한대 고온(약 10^{-34}~10^{-32}초 때 10^{34}~10^{27}도) 및 무한대 밀도의 한 점(singular point)이 폭발하였고 여기서 시간, 물질, 공간이 시작되었다고 한다. 그리고 10^{-35}~10^{-32}초 사이에 급격한 부피 팽창(10^{129}배)이 있었고 10^{-4}~1초에 입자가 탄생하고 1초~3분에 수소 핵융합 반응이, 38만 년이 되었을 때 최초의 별과 은하가 탄생하였고 4억 년까지 암흑 시기를 거쳐 이후(4억~138억 년) 지금의 항성(별), 은하, 성운 그리고 행성들이 만들어졌다고 한다(참고로 태양과 지구는 약 46억 년 전에 만들어졌다고 한다).

그런데 빅뱅 이전에는 무엇이 있었냐고 묻는 것은 어리석은 질문이다. 이 이론은 우주 그리고 시간이 빅뱅과 함께 시작되었기 때문에 그 전에 무엇이 있었냐는 질문에 답할 수 없기 때문이다. 또한, 0초부터 10^{-43}초 사이를 플랑크 시간(Planck time)이라고 부르는데 이 시간은 현대의 양자 역학의 이론에 따라 전혀 설명할 수 없다.

그리고 도대체 그 점은 어디서 온 것이냐고 묻는 것도 안된다. 그냥 있었다는 것을 전제로 설명하는 우주론이기 때문이다. 즉 빅뱅 이론은 정작 빅뱅에 관해 설명하는 것은 아니며 우주의 처음(시작)을 설명하는 이론이 아니다. 이 이론은 과학자들이 우주의 팽창 증거를 발견하였고 이를 기초로 시간을 자꾸자꾸 과거로 돌리면 무한히 작은 점에서 왔을 거라는 것을 추정한 것이다. 빅뱅 이론은 이것에 맞추어 만들어 낸 이론이다.

3. 빅뱅 이론의 증거

빅뱅 이론의 증거는 주로 우주가 팽창하고 있다는 혹은 팽창하였다는 증거를 말한다. 즉 현재 우주가 팽창하고 있으니 과거 어느 시점에는 그 모든 것이 모여 있었을 것이라는 추정이다. 그리고 이 빅뱅 이론을 적용하면 현재에 관찰되는 우주 현상을 상당히 많이 잘 설명하더라는 것이다. 사실 우주의 탄생을 어떤 사람도 본 적이 없으므로 엄밀하게는 그 작은 점에서 왔는지 알지 못한다.

그러나 보지 않았다고 모두를 부정하는 것은 올바르지 못한 태도이다. 보지 않고도 존재나 사실을 알 수 있는 것은 너무도 많기 때문이다. 그럼 어떤 근거로 빅뱅 이론을 주장하고 있는지 살펴보자.

1) 적색 편이(red shift)

적색 편이는 빛이 관찰자에게서 멀어질 때 파장이 원래보다 길어져서(진동수가 줄어서) 스펙트럼이 붉은색 쪽으로 치우치는 현상을 말하는 데 그 반대 현상은 청색 편이(blue shift)라고 한다. 이런 일은 음파에서 흔히 관찰할 수 있다.

예를 들어 사이렌 소리를 내며 내 앞을 지나가는 소방차를 생각해 보자. 저 멀리서 서서히 소방차가 다가오면 사이렌 소리가 높아지고 앞을 지나 멀어지면서 점점 소리가 낮아지는 것을 알 수 있다. 이처럼 음원 혹은 관찰자가 가까워지거나 멀어짐에 따라 파장(혹은 진동수)이 달라지는 현상을 흔히 도플러 효과(Doppler effect)라고 한다.

이같이 빛(별)도 지구로부터 멀어지면서 빛의 흡수 스펙트럼이 원래보다 적색으로 치우치는 적색 편이가 발생한다. 과학자들이 지구

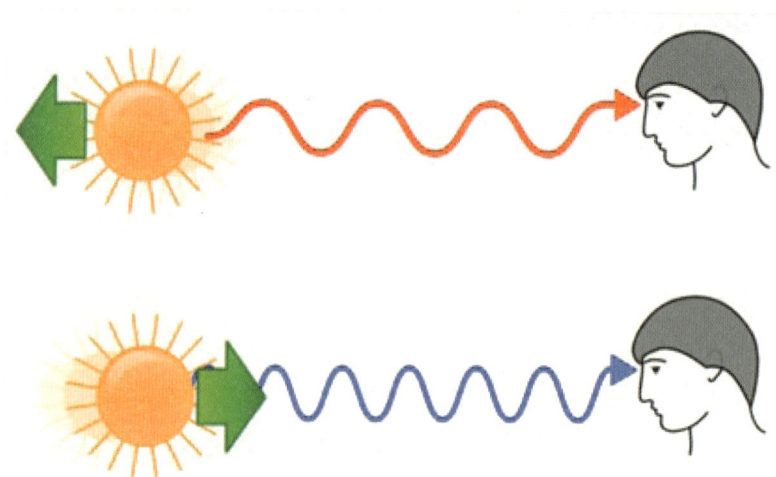

도플러 효과 소방차가 나에게 다가올 때는 사이렌 소리가 높아지며 멀어지면 소리가 낮아진다. 이것을 도플러 효과라고 하는데 빛도 멀어질 때는 스펙트럼이 붉은색 쪽으로 치우치는데 이를 적색 편이라고 한다. <그림: 위키미디어 커먼스>

에서 하늘을 살펴보고 별의 스펙트럼이 적색 편이가 발생함을 알게 되었다.

1929년 미국 천문학자 에드윈 허블(Edwin Hubble)은 먼 성운으로부터 오는 빛의 파장이 길어지는 적색 편이를 발견했다. 허블은 지구에서 멀수록 적색 편이가 더 크게 발생하며 또 성운이 멀어지는 속도가 지구와의 거리에 비례함을 알아냈다. 즉 멀리 떨어진 천체[은하]일수록 더 빠른 속도로 지구와 멀어진다는 허블의 법칙(V=HR; V=천체[은하]의 후퇴 속도, H: 허블 상수, R: 지구와 천체[은하] 간 거리)을 발견한 것이다.

이와 같은 빛의 적색 편이 현상은 우주가 팽창하고 있다는 주요한 증거가 되었는데 우주의 모든 방향에서 은하의 적색 편이를 관찰하였다. 이는 곧 우주가 어느 특정 방향이 아니라 모든 방향으로 팽창

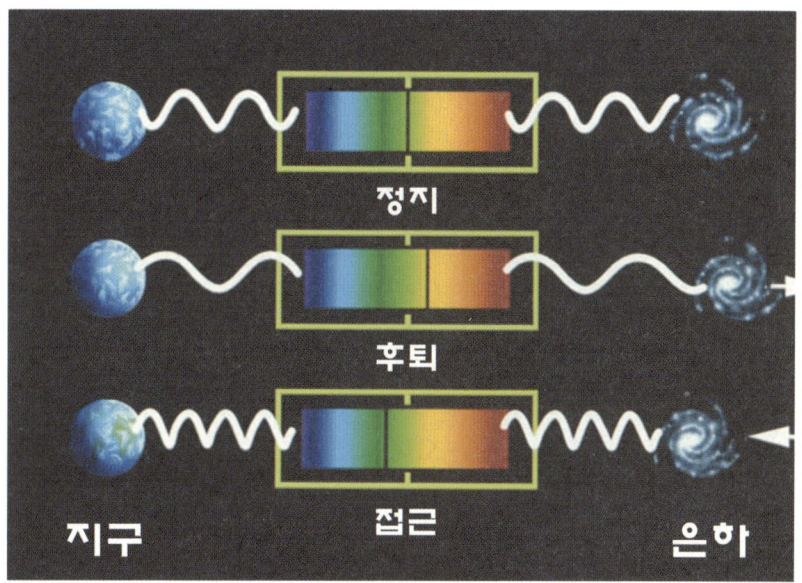

적색 편이 은하가 지구로부터 멀어지면 스펙트럼의 적색 편이, 반대로 접근하면 청색 편이가 발생한다. 이 현상을 이용하여 천체가 지구로부터 멀어지는지 가까워지는지 알 수 있다. <그림: 구글>

하고 있다는 뜻이 되었다.

어떤 이들은 멀리서 오는 빛이 강한 중력장(예를 들어 블랙홀)을 지날 때 에너지 감소가 발생하여 파장이 길어질 가능성을 얘기하기도 하고 또 우주 공간에 있는 우주 먼지로 인해 파장이 길어지는 현상을 지적하며 적색 편이가 우주 팽창의 증거가 아님을 주장하기도 하나 이런 가능성을 인정하더라도 우주 팽창의 대세를 부인하기는 어려운 것 같다.

과학은 완전하지 않지만, 또 틀릴 수도 있지만 그렇다고 작은 몇 가지 예외적 사항으로 모든 것을 부인하는 것은 이성적이지 못하다. 관련 연구를 하는 많은 과학자가 모두 비이성적이거나 사기꾼일 가능성은 매우 적다.

2) 우주 배경 복사(cosmic microwave background radiation: CMBR)

빅뱅 이론의 가장 핵심적인 증거 중 하나는 우주 배경 복사라고 한다. 이 우주 배경 복사는 우주 공간의 모든 방향에서 거의 같은 강도로 쏟아지는 빛이다. 천문학자들은 대폭발이 사실이라면 초기 우주의 에너지가 사방으로 퍼져나갔을 것이고 점점 식어가면서 우주의 모든 방향에 그 열적 흔적을 남겨놓았을 것으로 예측했다. 학자에 따라 다르기는 하지만 현재의 우주 온도를 3~50K(절대 온도)로 예측하였으며 열심히 그 흔적을 찾는 노력을 했다.

그러던 중 1964년 벨연구소의 펜지어스(Arno Allan Penzias)와 윌슨(Robert Woodrow Wilson)은 7.35cm의 파장에서 우주의 모든 방향에서 고르게 초단파 잡음이 잡힌다는 것을 알게 되었다. 프린스턴대학교의 디케(Robert H. Dicke)와 피블스(Jim Peebles) 등은 이 결과를 바탕으로 즉시 빅뱅을 강하게 지지하는 우주 마이크로파 배경 복사 이론을 다룬 논문을 발표하였다.

1978년에 펜지어스와 윌슨은 우주 마이크로파 배경을 발견한 공로로 노벨 물리학상을 받았다. 이후 정밀한 배경 복사 측정이 이루어졌는데 COBE(Cosmic Background Explorer), WMAP (Wilkinson Microwave Anisotropy Probe) 및 플랑크 위성이 대표적이다. COBE 연구팀은 우주배경 복사 온도가 정확히 2.728K라는 것을 알아냈고 2006년 노벨 물리학상을 받았다.

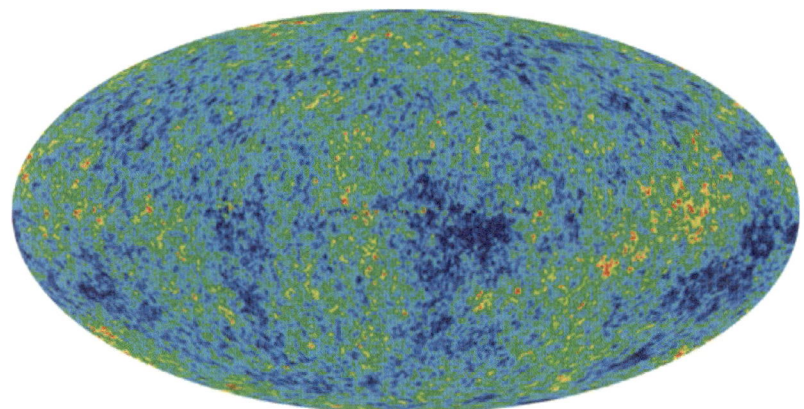

우주 배경 복사 2013년 플랑크 위성이 관측한 우주 배경 복사. 색깔은 온도 차를 나타내는데 0.00001K 이내로 작다. 그러나 이런 약간의 차이로 인해 별이 생겼다고 한다. <그림: 위키미디어 커먼즈>

3) 수소(H)와 헬륨(He) 비

빅뱅이론의 또 다른 주요한 증거로 제시되는 것이 우주에 존재하는 수소와 헬륨의 비이다. 우리가 살고 있는 지구에는 산소, 규소, 알루미늄, 철, 니켈 등 무거운 원소가 많지만 사실 우주 전체로 보면 거의 대부분이 수소(질량으로 70%, 원소량으로 90%가 넘음)이고 그 다음이 헬륨이다(두 개를 합치면 질량으로 98%, 원소량으로 99.9%가 넘음).

이들은 우리가 알고 있는 화학 주기율표(periodic table)의 제일 윗줄 가장 가벼운 원소들이다. 빅뱅 이론에 의하면 우주가 처음 탄생했을 때는 수소가 대부분이었고 이후 대폭발 핵합성(nucleosynthesis)을 통해 상당양의 헬륨이 생겨났으며 그리고 매우 적은 양의 리튬(Li)과 베릴륨(Be)이 나왔다고 한다.

그런데 우리가 아주 멀리 있는 천체(은하)를 관측해보면 초기 우주

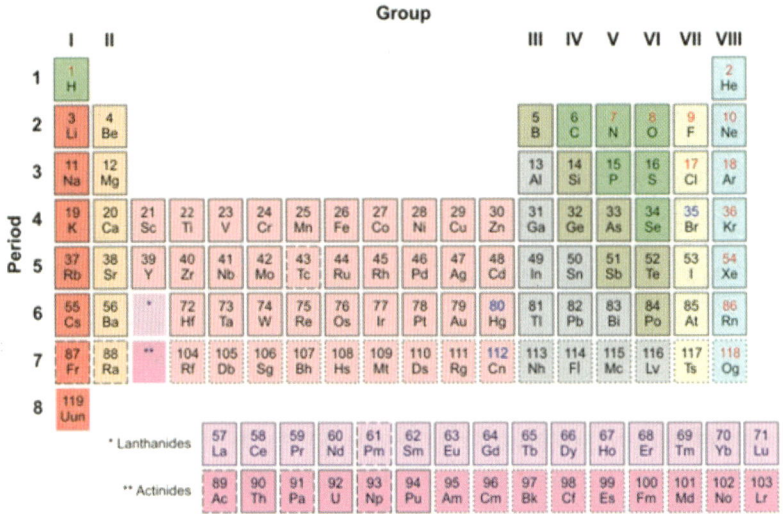

주기율표 수소와 헬륨은 세상에서 가장 가벼운 원소들이다. 지구와 달리 우주는 수소와 헬륨이 대부분으로 되어 있다. 빅뱅 이론에 의하면 이들은 우주 초기에 만들어졌다고 한다. <그림: 위키미디어 커먼스>

에 존재하던 수소와 헬륨의 비율을 추정할 수 있는데 질량비로 수소 약 75% 대 헬륨 25% (3:1)라고 한다. 이것은 빅뱅에서 생성된 양성자와 중성자의 초기 밀도를 기반으로 예측한 수소와 헬륨의 비율과 잘 일치한다. 그러므로 빅뱅 이론은 우주 생성을 잘 설명하는 타당한 이론이라고 주장한다. 그러나 계산에 사용된 양성자와 중성자 초기 밀도는 현재 관측한 수소와 헬륨의 양에 맞추어 결정된 것이므로 순환 오류라는 비판도 있다.

4. 빅뱅 이론의 한계

빅뱅 이론은 주류 과학계에서 인정받는 현대 표준 우주론이다. 분명 한계는 있지만, 현재 관측되는 많은 우주 현상을 비교적 잘 설명하는 과학 이론임이 분명하다. 아마도 이보다 더 그럴듯한 과학 이론이 나온다면 이 빅뱅 이론도 수정되거나 혹은 폐기될 것이다. 그런데 전문적인 천문학자가 아닌 일반인 혹은 일반 과학자의 입장에서 이해 가지 않는 것도 많다.

이미 얘기한 대로 이 빅뱅 이론은 최초의 초고온 그리고 초고밀도의 특이점(singularity) 혹은 시원 물질(Ylem: 아일렘)이 어디서 왔는지 그리고 왜 존재하는지를 설명하지 못한다. '못한다'는 표현은 오히려 맞지 않고 애초부터 그것을 설명하려는 이론이 아니다. 어디서 왔는지는 모르지만, 그저 있다고 치고 대폭발이 있고 나서 소위 플랑크 시간(10^{-43}초) 후의 우주 현상을 설명하는 과학 이론이다. 그러니 빅뱅이론에 대해 근원적 질문을 할 수도 없고 답을 기대할 수도 없다. 그게 과학이다. 이런 이론을 하나님의 창조와 비교할 수는 없다.

사실 빅뱅 이론을 주장하는 사람들이 듣고 싶지 않아 하는 이와 유사한 또 다른 도전 중의 하나는 어떻게 무에서 유가 창조되느냐 하는 것이다. 흔히 우리가 말하는 에너지 보존 법칙(과거에는 질량 보존의 법칙, 아인슈타인의 에너지 질량 등가 원리를 상기해보라. $E=mc^2$)을 위배한다는 지적이다.

이 법칙은 외부와 격리되어 에너지가 출입하지 않는다면 에너지의 형태가 바뀔 수는 있어도 전체의 에너지양은 항상 일정하다는 것으로 무에서 에너지가 창조될 수 없다는 물리학의 근본 원리이다. 그러니 빅뱅 이론에서 우주가 무에서 유로 창조되었다는 것은 이런 기초

원리를 어긴 것이다. 물론 앞서도 말했지만, 빅뱅 이론은 최초의 물질(에너지)은 그냥 있었다고 하는 것이니 더 추궁하기 힘들다.

빅뱅에 대한 또 다른 흥미로운 비판은 엔트로피(Entropie, 통계 역학적으로 무질서도)에 대한 것이다. 우주를 하나의 닫힌계(closed system)라고 보면 엔트로피는 항상 증가하는 방향으로 일어나며 감소하지 않는다는 것이다. 즉 우주에서 발생하는 자연 현상은 비가역적이라는 것이다. 가장 쉬운 예로 열은 고온에서 저온으로 흘러가지만 스스로 저온에서 고온으로 흐르지 않는다는 것이다. 무질서도도 생각해 보면 질서는 무질서로 이행하지 그 반대는 자연적으로 발생하지 않는다고 볼 수 있다.

사실 일반적 관점에서 보면 대폭발로 임의적 방향으로 시작된 이 우주가 이렇게 질서정연하게 배치되고 움직이고 있다는 것은 기적에 가깝다. 즉 무질서와 같은 대폭발이 너무나 정밀하고 계획된 것으로 보이는 지금의 우주를 만들었다는 것은 무질서도 증가 법칙에도 전혀 맞지 않아 보인다. 소위 무신론적 자연주의자들은 이러한 모든 질서와 운동을 확률적인 자연 과정으로 이해하고자 하나 이것은 하나의 믿음으로 보인다. 즉 자연이라는 비인격적인 신을 믿는 것이다. 그것이 마치 존재하는 것처럼.

소위 과학은 오히려 과거부터 정적인 우주론(고대 그리스, 뉴턴, 아인슈타인; 우주는 시작도 끝도 없음)을 주장했으나 성경은 하나님의 우주 창조를 말함으로써 우주가 시작이 있음을 말하고 있었다. 사실 정적 우주론보다 현대의 동적 우주론(예를 들어 빅뱅 우주론)은 하나님의 창조와 매우 잘 부합한다. 현대 우주론은 물질 세상은 시작과 끝이 있다고 하니 이것은 우리에게 반가운 사실이다. 기독교 신앙은 물질세계와 달리 시종이 없는 분은 오직 하나님 한 분이시라고 말하므로 현재 우주론은 개념적으로 기독 신앙에 잘 맞는다.

흥미로운 것은 과학 자체는 자연과 법칙이라는 중립적인 설명을 시도하고 있으나 일부 무신론자들은 이를 이데올로기로 발전시켜 자연이라는 혹은 법칙이라는 비인격 신을 도입하기도 하며 과학주의 혹은 무신주의 주장을 하기도 한다. 그러나 주변을 살펴보면 비인격으로부터 정보가 더해지는 경우는 없으며 반드시 우주 외부(하나님)에서 질서와 정보가 주어져야 가능하다. 생명체는 목적률(정보)에 따라 에너지를 이용하여 질서를 창조(증가)하지만 무생물에 에너지를 가한다고 생명과 질서가 생기지는 않는다. 사실 빅뱅 우주론 일부가 혹은 전부가 맞다고 하여도 하나님의 창조를 부인할 수 없다.

최초의 고에너지 고밀도 특이점은 누가 만들었겠는가?

이게 저절로 존재할 수는 없다.

5. 우주는 왜 불필요하게 광대한가?

먼 옛날 우리 조상들은 태어나서 죽을 때까지 아주 조그마한 자기 고향 마을이 이 세상의 전부라고 생각하였다. 또 좀 더 부유한 사람이나 아니면 권력자들은 이런저런 교통수단을 이용해서 조금 더 큰 세상을 보았을 것이다. 그래 봤자 한반도가 다였을 것이다. 조금 더 과학 기술이 발전하여 이웃 나라도 가보고 세계 일주도 했을 것이다. 그래서 지구가 아주 크구나 하는 것도 알게 되었을 것이다. 그 사이 밤하늘을 보면서 하늘에 박힌 무수히 많은 별에 대해 경외감을 느끼기는 하였지만, 딱히 그것이 가져다주는 세상의 혹은 우주의 크기 개념은 별로 없었을 것이다.

지금을 살아가는 우리는 우주의 크기를 생각하면 너무나 아득하고 현기증이 난다. 나는 그래서 대학생 때 우주의 크기는 내가 상상하는 만큼의 크기가 우주의 크기라고 나름대로 결론짓고 있었다.

현대 과학이 말하는 우주를 생각해 보면 태양계에서 유일한 별(항성)인 태양 같은 것이 우리 은하에 약 2,000억(2×10^8) 개 있다고 한다. 그리고 우주에는 우리 은하와 같은 은하가 또 1,200억(1.2×10^8) 개가 있다고 한다. 그러면 별은 이 우주에 약 2.4×10^{16}개가 있는 것이다(최근에는 우주의 별이 7×10^{22}개라는 학자도 있다). 수학적으로 표현은 되어도 가히 상상이 가지 않는 숫자이다. 태양계처럼 만약 별 하나에 평균 8개 행성이 있다고 가정을 하면 행성 수만 1.92×10^{17}개이다. 2017년 세계 인구가 약 74억인데 한 사람 당 별은 약 324만 개를 그리고 행성은 2,594만 개를 나누어 가질 수 있다.

크기는 어떤가 보자. 우리 태양계는 직경이 약 4광년(1광년은 빛이 1년 동안 가는 거리 =9조 500억 km) 정도 된다. 그리고 우리 은하의 경우 직경은 약 10만 광년이다. 빛의 속도(초당 30만 km)로 가도 10만 년을 가야 하는 거리다. 상상이 안 간다.

우주는 어떤가?

빛의 속도로 약 138억 년을 가야 하는 거리 만큼 크다. 정말 상상을 초월하는 거리이며 인간이 닿을 수 있는 거리가 아니다.

그런데 나는 크리스천으로서 참 이상한 의문이 생겼다. 인간이 살기에 지구 정도만으로 충분하고 또 좀 확장한다고 해도 태양계 정도면 사실 만족할 정도의 크기가 아닌가 싶다.

왜 우리 하나님은 굳이 이렇게 엄청나게 크게 우주를 만드셨을까?

어차피 인간이 닿지도 못할 것 같은데 그렇게 수많은 별은 왜 만드셨을까?

3장 빅뱅 이론   105

심연 우주 2004년 허블 우주 망원경으로 찍은 심연 우주. <그림: NASA, ESA, G. Illingworth, R. Bouwens (UCO/Lick Observatory) and the HUDF09 Team>

참 이해가 가지가 않았다. 나라면 태양계 정도에다가 밤하늘에 좀 아름답게 빛나는 별 정도 이렇게 만들었을 것 같다.

현대의 과학기술로 전문 과학자들이 엄청난 망원경으로 겨우겨우 발견할 수 있는 심연 우주에도 왜 무얼 만드셨을까?

하나님의 형상과 모양을 닮은 인간은 매우 지혜로워서 과학 기술을 눈부시게 발전시켰다. 과거에 보지 못하였던 우주를 점점 깊게 많이 보고 있다. 그 발전 속도는 매우 놀랍다. 우리는 하나님이 전지전능하신 분인 줄 알고 있다.

그런데 그런 분이 이 우주를 지구만, 태양계만 혹은 그보다 조금만 더 크게 만드셨다면 과연 이를 알게 된 인간은 어떻게 생각할까?

아마도 하나님의 능력을 깔보거나 이렇게 생각하지 않을까?

'하나님 없는 거 아냐?'
'이 정도밖에 안 돼?'

중세 가톨릭의 암흑 시대를 거친 사람들은 종교의 억압에서 벗어나 인본주의, 이성주의 그리고 계몽주의의 거센 파도를 타고 과학 기술의 혁명적 발전을 이루었다. 과히 21세기는 과학의 시대라고 할 것이며 인간의 과학에 대한 신뢰는 거의 맹목적 수준에 이르렀다. 과학으로 되지 않을 게 없다고 생각한다. 교만해졌다.

유발 하라리는 이제는 사람이 신(호모데우스)이 되려고 한다고 말한다. 성경의 역사 속에 우리는 인간이, 선조들이 얼마나 교만한지를 잘 알고 있다(예를 들어 바벨탑 사건). 하나님은 인간에게 얼마나 자신이 위대하신지 그리고 인간이 얼마나 유한한지를 가르치실 필요가 있으셨다. 인간의 과학이 아무리 발전하여도 이 광대한 우주를 만들 재주는 없다. 오히려 과학이 발전할수록 얼마나 우주가 크고 아득한지를 알게 될 뿐이다. 정말 멘붕이 올 정도이다. 하나님은 피조물인 인간에게 겸손을 가르치시고 계신다.

그런데 이게 다일까?

그렇지 않다. 하나님은 이 광대한 우주를 인간을 위해 만드셨다. 하나님은 자신의 형상과 모양대로 사람을 만드시고 온 우주를 다스리고 정복하게 하셨다(창 1장).

엄마, 아빠가 자녀를 대하는 모습을 보라. 부모는 아무리 힘들어도 자식을 위해 어떤 일이든 한다. 자신은 굶어도 자식 입에 들어가는 밥을 보면 힘이 나고, 아픈 자식을 보면 차라리 자신이 아팠으면 자신이 죽었으면 하는 것이 부모다. 자식을 위해서는 목숨도 아깝지 않다. 그게 부모다. 무엇이든지 해주고 싶다.

우리는 하나님의 자녀다. 하나님은 인간을 너무나 사랑하셔서 하나

아인슈타인 아인슈타인은 하나님을 믿지 않았지만, 인간이 우주를 이만큼 이해하는 것이 불가사의하다고 말했다. <사진: 구글>

님 자신의 독생자인 예수님을 인간의 몸으로 오게 하시고 십자가에 달기까지 하셨다.

사람을 창조하시면서 온 우주를 아름답게 꾸며주고 싶으셨다. 별도 달도 만들고 지구에 온갖 신기하고 아름다운 생명체로 자녀인 사람을 기쁘게 해주고 싶으셨다.

엄마가 어린 자녀의 방을 어떻게 아기자기 꾸며주는지 생각해 보라. 여기저기 온갖 보물을 숨겨놓으시고 말씀하신다.

지금은 어리지만 나중에 네가 크면(과학이 발전하면) 너무나 알게 될 게 많단다. 내가 대충 만든 게 아니라 얼마나 세심하게 만들었는지 알게 될 거야. 넌 그것을 발견할 때마다 이게 다 나 하나님의 너에 대한 사랑임을 알리라.

우주의 광대함과 완벽한 질서는 하나님의 사랑을 나타냄이며 인간에게 겸손하라는 가르치심이다.

현대 과학에서 가장 위대한 과학자 중 한 사람으로 유대인 알버트 아인슈타인을 들 수 있다. 그는 양자 역학과 상대성 이론으로 현대 물리학에 혁명적인 영향을 끼쳤으며 1921년 노벨 물리학상을 받았다. 아인슈타인은 하나님의 존재와 예수님의 부활을 믿지 않았다. 그런 그가 이런 말을 했다.

"우주에서 가장 이해하기 어려운 것 그것은 우주 한구석에 앉은 우리가 우주를 이만큼이나마 이해한다는 것이다."

나는 이렇게 뛰어난 과학자가 이렇게 간단한 진리를 알지 못하는 것이 안타깝다.

무신론자 혹은 유물론자는 지구를 수많은 별 혹은 행성 중 하나로 보며, 인간은 수많은 자연 발생 생명체 중 하나라고 말한다. 이렇게 지구나 인간을 특별할 것이 없는 존재로 생각하다 보니 인간이 우주를 이만큼 이해하는 것을 신기해하겠지만 크리스천으로서 나는 이게 너무나 당연하다.

하나님께서 이 우주를 인간을 위해 만드셨고 그 우주를 정복하고 다스리게 하셨으므로 다스리려면 당연히 그 대상을 찾고 분석하고 이해하는 능력이 있어야 한다. 이런 거룩한 미션을 수행할 수 있도록 자녀인 사람에게 과학 하는 능력을 주신 것이다. 그래서 우리가 우주의 한구석에 있어도 이 우주를 이만큼 이해하는 것이다. 아인슈타인은 하나님을 알고 경외하는 것이 지식의 근본임을 알지 못하였다.

6. ET는 있는가?

　인간의 외계 생명체(Extra Terrestrial=ET)에 대한 호기심은 대단하다. 특히 과학기술이 발달하면서 단순히 상상으로만이 아니라 실제로 찾아 나서는 노력도 하고 있다. 이런 노력은 앞서 얘기한 대로 우주가 어마어마하게 크다는 것을 알게 되면서 더욱 활발해졌다. 사람이 하나님에 의해 특별하게 창조된 것이 아니라 무생물에서 자연적으로 무목적으로 우연히 발생했다고 생각하는 사람들은 이 우주에 그럴 가능성이 있는 지적 생명체의 수를 계산하기도 하였다.

　1961년에 발표된 소위 드레이크 방정식(Drake equation)은 우리 은하 내에 인간과 교신을 할 수 있는 외계 지적 생명체(문명)의 수를 계산하는 식이다.

$$N = R^* \times f_p \times n_e \times f_l \times f_i \times f_c \times L$$

N: 인간과 의사소통 가능한 우리 은하 내 지적 생명체(문명)의 수
R^*: 우리 은하 내 일 년에 생성되는 별의 수(별의 생성 속도)
f_p: 별 중에 행성을 가지고 있을 확률
n_e: 행성계 내에서 생명이 살 수 있는 행성의 수
f_l: 행성 내에 생명이 탄생할 수 있는 확률
f_i: 생명체가 지적 문명체로 진화할 확률
f_c: 지적 문명체가 다른 별에 자신의 존재를 알릴 통신 기술을 가질 확률
L: 기술 문명이 존속하는 기간

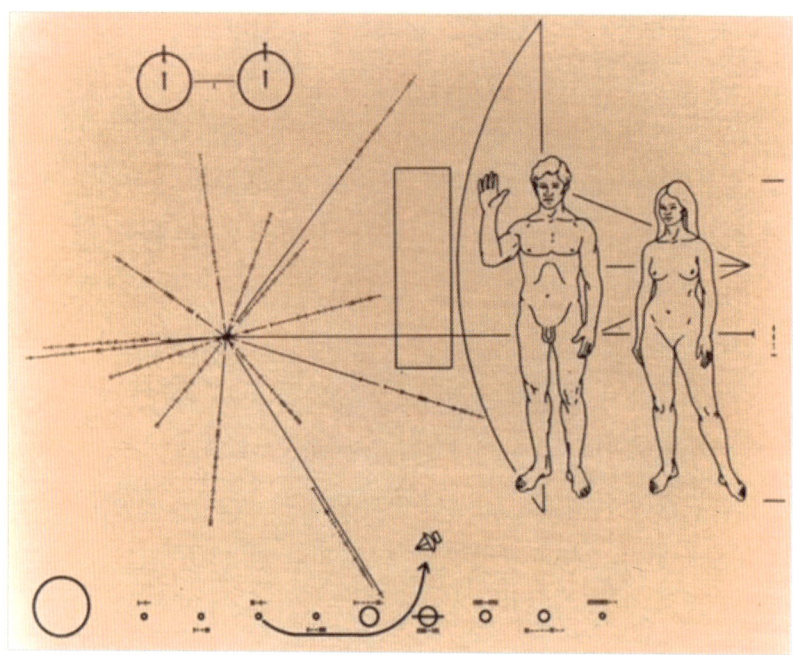

파이어니어 10호 동판 1972년 발사된 목성 탐사선 파이어니어 10호는 최초로 태양계를 벗어났다. 외계 생명체를 만날 경우를 대비해 이 탐사선에는 태양계 모습, 지구의 위치 그리고 사람의 모습 등을 담은 금속판을 탑재하였다. <그림: NASA>

그런데 여기에 있는 변수 하나하나가 사실 정확하게 정하기가 매우 어렵다. 그래서 학자마다 N수가 천차만별이다.

드레이크는 10개 정도라고 하였으며 어떤 문헌은 약 10만 개를 그리고 유명한 미국 천문학자 칼 세이건(Carl Edward Sagan)은 그의 명저인 『코스모스』(*Cosmos*)에서 우리 은하 내에 약 100만 개의 행성들에 지적인 생명체가 살고 있을 것이라고 주장했다. 놀라운 숫자이다.

어쩌면 위와 같은 생각과 계산이 사람에게 외계 생명체가 반드시 존재할 것이라는 강한 믿음을 주었는지도 모른다. 너무 외로워서 그렇게 간절한 마음으로 외계 생명체를 찾기 시작한 것인지도 모른다.

3장 빅뱅 이론   111

스티븐 스틸버그의 "E.T." 1982년에 개봉된 스티븐 스필버그 감독의 SF 영화. 외계 생명체의 존재에 대한 기대를 반영한다. <그림: 구글>

    1972년에 발사된 목성 탐사선 파이어니어 10호에는 외계의 지적 생명체를 만날 경우를 대비해 어디에서 왔는지를 나타내는 지도와 남녀의 나체 모습을 담은 금속판을 싣고 있었다. 그들의 표정을 보면 매우 밝고 반갑게 인사하는 모습을 볼 수 있다. 1973년도에 발사된 파이어니어 11호에도 동일한 금속판을 탑재하였으나 지금까지 이들 탐사선에 대하여 반응을 보인 어떤 외계 생명체도 보고되지 않았다.
    1970년대 말에 천문학자로서 탁월한 대중성을 지녔던 칼 세이건은 다큐멘터리 "코스모스"와 동일 이름의 저서를 통해 천문학의 대중화에 크게 기여하였다(이 책은 매우 인기 있는 대중 과학서여서 대학생이었던 나도 이 책을 구입하여 읽었고 지금도 소장하고 있다). 아울러

미확인 비행 물체 2014년 9월 23일 영국 포츠머스 근처에서 디스크 모양의 미확인 비행 물체가 하늘에서 빠르게 움직이는 것으로 알려졌다. 그러나 이것이 진짜 외계 비행체인지 혹은 자연 현상인지 알 수 없다. <사진: 구글>

그는 나사(NASA)의 우주 탐사 계획을 자문하고 또 연방정부의 지원을 받는 외계 지적 생명체에 대한 탐사(SETI: Search for Extra-Terrestrial Intelligence)에 많은 노력을 경주하였다. 그는 이 우주에 지구에만 생명체가 있다면 엄청난 공간의 낭비라고 생각했다. 이런 외계 생명체의 존재에 대한 과학계와 일반인의 기대는 영화에까지 영향을 미쳐 인간과 외계 생명체의 조우를 그린 "E.T."(the Extra-Terrestrial)라는 영화도 나오게 되었다.

이즈음부터 일반인의 미확인 비행 물체(UFO=Unidentified Flying Object)에 대한 관심과 제보가 폭발적으로 증가하였다. 1947년 7월에 미국 뉴멕시코주 로스웰에서 있었던 소위 UFO 추락 사건이 재조명 되며 미국 공군이 사건을 은폐하고 외계인 사체로 생체 실험을

3장 빅뱅 이론   113

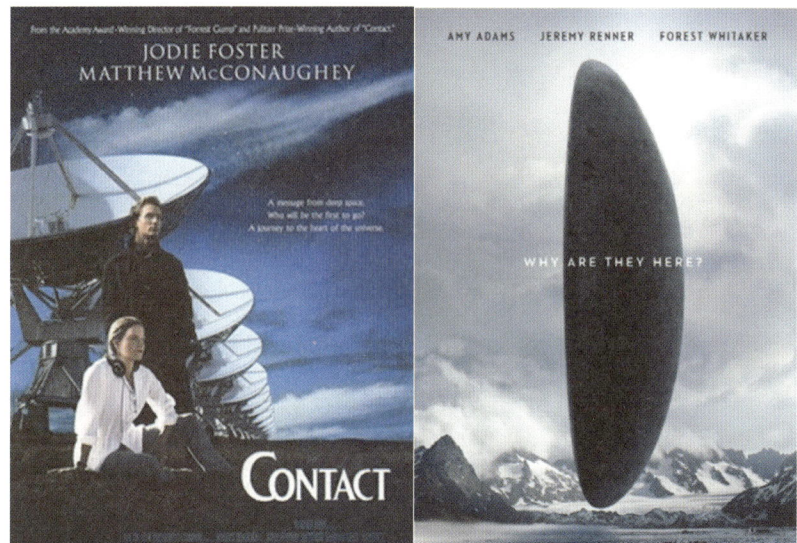

영화 "콘택트"와 "어라이벌" 1997년 인간이 주도적으로 외계와의 접촉을 시도하는 영화 "콘택트"와 2016년 외계인이 지구에 도착하여 인간과 소통을 시도하는 영화 "어라이벌"(2017년 한국 개봉 명은 "콘택트"). 안타깝게도 이들 영화와 달리 지금까지 어떤 외계인의 접촉도 없었다.

했다는 주장도 나오게 되었다. 이후에 전 세계에서 UFO를 보았다거나 만나고 대화를 했고 납치당해 실험을 당했다는 등 정말로 다양한 여러 주장이 나오게 되었고 지금도 크게 줄어들지 않고 있다.

이런 미확인 비행 물체를 전문적으로 찍는 사진 동호회도 나오고, 이들과 대화를 나눈다고(채널링) 주장하는 사람도 나오고, 또 이들을 신으로 숭배하는 집단까지 생기게 되었다. 그러나 안타깝게도 이런 엄청난 난리법석에도 불구하고 지금까지 어떤 외계인도 확인된 것이 없다. 있었다면 아마도 여의도 광장에 사뿐히 우주선을 착륙시켰으며 레드 카펫을 밟으며 걸어 나왔을 것이다.

칼 세이건은 외계 생명체에 대한 기대와 흥분으로 스스로 영화제작자 노릇까지 하였다. 1997년에 개봉된 유명 여배우 조디 포스터가 주연한 영화 "콘택트"(Contact)가 그것이다(안타깝게도 제작 기간에 칼 세이건은 사망함). 영화 주인공은 어릴 때 외계인으로부터 교신을 받은 기억이 있으며 자라면서 밤마다 교신을 기다리며 단파 방송에 귀를 기울인다. 대학에 들어가 우주의 외계 생명체 존재를 찾아내는 것을 삶의 목표로 삼게 된다. 이후 과학자가 되지만 편향적인 태도로 어려움을 당한다. 그러나 그녀는 소형 비디오 카메라가 장착된 캡슐을 타고 지구에서 첫 번째로 외계를 여행하게 되고 여러 개의 웜홀을 통과하여 베가성에 착륙하여 외계인과 이야기를 나눈다. 그러나 아무도 그녀를 믿지 않는다.

칼 세이건은 이 당시 이 영화를 만들면서 정말로 곧 인간이 외계인과 조우할 것으로 생각했을 것이다. 우리가 신호를 보내고 또 찾아가서 만나는 영화를 만들었다. 그러나 20년 동안 노력했지만 실제로는 전혀 성과가 없었다.

그런데 2016년에는 아예 외계인이 지구를 찾아오는 영화("어라이벌")가 나오게 된다. 언어학자인 루이스는 딸과 행복한 시간을 보내고 딸은 세상을 떠난다. 그리고 외계인들이 지구를 방문한다. 각국 정부는 외계인의 방문 목적을 알고 싶지만, 의사소통이 되지 않는다. 음성으로 대화는 포기하고 외계인이 써주는 문자의 해석으로 방향을 전환한다. 그림 같은 외계인의 문자를 파악해 가는데 정부는 빨리 파악하라고 압박하고 다른 나라에서는 이들 의도가 침략이라며 공격 움직임이 생긴다. 미국도 소통하려던 팀을 철수하고 공격을 준비한다. 주인공은 언어의 중의성 때문에 생긴 오해라며 외계인들의 목적이 지구 침략이 아니라는 것을 알리고 전쟁을 막는다.

두 영화에서는 인간이 외계인을 만났다. 그것도 매우 우호적인 외계인을. 그런데 정말 이들 영화의 기대와는 달리 우리는 아직 어떤

화성 탐사 로봇 2012년 화성에 착륙한 탐사 로봇 큐리오시티(Curiosity) 상상 모습.
<그림: NASA>

종류의 외계인도 만나지 못하였다. 물론 만났다고 주장하는 사람들이 있기는 하지만.

만약 이게 믿을 수 있는 만남이라면 많은 사람이 받아들일 수 있는 보다 이성적이고 합리적인 방법으로 증명을 해야 할 것이다. 사실 가장 좋은 것은 이들은 물질적 존재이므로 TV 등 방송 기관에 출연하여 인터뷰하면 될 것이다. 자신들이 어디 태양계 바깥에서 왔다고 지구인들에게 인사를 해주면 좋겠다. 그러면 우리는 쉽사리 믿을 것이다. 그런데 안타깝게도 아직 없다. 앞으로도 올 것 같지도 않다. 왜냐하면, 성경에 인간과 생명체를 지구 말고 다른 곳에 창조하셨다는 얘기가 없으므로.

7. 화성에 생명체가?

과학자들은 저 멀리 우주에서 지적 생명체를 찾는 노력과 아울러 가까이에 있는 지구와 가장 비슷한 조건을 가진 화성에서 생명을 찾는 시도를 아끼지 않았다. 1964년 처음으로 화성 탐사선 마리너 4호를 보낸 이후, 1969년 마리너 6호, 7호, 1971년 마리너 9호, 1975년 바이킹 1호, 2호, 1996년 패스파인더 그리고 2012년 화성에 착륙한 탐사 로봇 큐리오시티를 싣고 간 화성 과학 실험실(Mars Science Laboratory) 우주선까지 정말로 끈질기게 노력을 하고 있다.

1877년 이탈리아의 천문학자 스키아파렐리는 화성을 관측하다 표면을 가로지르는 선을 발견했는데 이후 화성에 인공 운하가 있다느니 화성에는 대형 운하를 건설할 정도의 지적 생명체가 있다느니 얘기로 계속 증폭됐다. 1898년 영국 소설가 웰스가 쓴 소설 『세계 전쟁』에서 인간 이상 가는 지적인 화성인을 그려놓았다. 그러나 최초의 화성 탐사선 마리너 4호는 화성 상공 1만 km 부근을 지나며 20장의 사진을 찍어 전송했는데 화성의 분화구는 있었으나 운하 흔적은 없었다. 이후 마리너 6호와 7호를 통해서도 화성은 지구만큼이나 복잡한 지질 변화를 겪었지만 여기서도 운하의 흔적은 드러나지 않았다. 마리나 9호도 마찬가지였다.

운하의 흔적을 찾지 못하자 우주선을 화성 표면에 착륙시켜 조사하려고 하였고 1975년 바이킹 1호와 2호가 출발했다. 그 결과 화성의 토양은 대부분 규소와 철로 되었으며 산소와 결합한 산화물 상태였는데, 그래서 화성 표면이 붉은색을 띤 것이었다. 화성 공기는 대부분 이산화탄소(95%)였으며 산소는 없고 지표에서 액체의 물을 발견할 수 없었다. 사실 화성에 생명이 있을 가능성은 거의 없지만,

"화성 침공"과 "라이프" 영화 "화성 침공"과 "라이프"를 통해 화성에 대한 생명체 존재 가능성과 또 지구인의 화성 정착 가능성에 대한 기대를 드러냈다. <사진: 구글>

그런데도 일부 학자들은 가능성을 완전히 배제하지 않은 채 바이러스 수준 생명체는 화성 지표 아래에 숨어 있을 가능성이 있다고 보았다. 2011년 11월 26일 지구를 떠난 화성 탐사 로봇 큐리오시티의 주 임무도 화성 생명체 흔적을 찾는 것이었다. 그러나 전혀 찾지 못하였다.

과학계의 이런 성과없는 도전과 달리 사회에서는 영화 등을 통해 외계인(화성인) 존재에 대한 그 기대감을 한껏 증폭시켰다. 1997년 팀 버튼(Tim Burton)이 "화성 침공"(Mars Attacks)이라는 코믹 영화를 통해 마치 고등 화성인이 존재하고 이들이 지구를 정복하려고 오는 것으로 묘사하였다. 이후에도 "에일리언"(Alien) 등의 영화와 많은 화성 관련 SF 영화가 나왔고 가깝게는 2017년 영화 "라이프"(Life)를 통해 화성 토양에서 단세포지만 최초의 외계 생명체 발견이라는 것에 흥분하고 그로 인해 생존의 위기에 처하는 것을 그리는데 이 모두

화성에 물? 2015년 9월 28일 나사가 현재 화성에 물이 흐르고 있는 것을 발견했다고 내놓은 사진. 그러나 2017년 11월 20일 추가 연구를 통해 그것은 물이 아니라 모래 흐름이라고 수정했다. <그림: 나사>

외계 생명체의 존재 가능성에 대한 기대를 나타낸 것이다.

우리는 모두 물이 생명의 근원인 줄 알고 있다. 그래서 과학자들은 화성에서도 끈질기게 물의 흔적을 찾고 있다. 처음에는 사람과 비슷한 고등 생명체를 찾으려고 했으나 찾지 못하니 기대를 낮추어 바이러스 수준의 생명체를 찾으려고 노력하였고 또 그것도 찾지 못하니 이제는 물이라도 찾자고 한다. 그들은 이렇게 기대한다.

물이 있으면 뭐라도 생명체가 있지 않겠냐?

또 화성에 있으면 이 넓은 우주에 뭔가 있지 않겠냐?

미항공우주국(NASA)은 수십 년 동안 화성 물 관련 기사를 반복적으로 내놓더니 2015년 9월 28일 새벽에 또 충격적이게 화성 표면에 액체 상태의 물이 소금물 개천 형태로 흐르고 있다고 발표했다. 그런데 2017년 11월 20일에 추가 연구를 통해 이것이 물이 아니라 모래의 흐름이라고 했다. 과학자로서 솔직한 태도는 높이 사지만 참 우스운 일이다.

결국, 우리는 지금까지 그 큰 노력에도 불구하고 화성에서 고등 생명체도, 원시적인 바이러스도, 심지어는 액체 상태의 물도 전혀 발견하지 못하였다.

정말 있기라도 한 것일까?

그저 우리의 헛된 기대가 아닐까?

8. 지구는 평범?

하나님의 특별한 창조를 인정하지 않는 사람들은 지구가 우주에 있는 평범한 행성 중 하나에 불과하며 사람 역시 그저 저절로 생긴 생명체 중 하나라고 본다. 그래서 다른 생명체를 찾아 열심히 우주 이곳저곳을 뒤진다. 아직 결실이 전혀 없지만.

그러면 정말 지구가 하나도 특별할 게 없는 것일까?

흔히 우리에게 특별하다는 것은 어떤 것일까?

자신을 중심으로 뭔가 일어난다면 특별하다고 느낄 것이다. 그런데 전에는 태양과 별들이 지구를

『특별한 지구』(*The Privileged Planet*)

어떤 이는 지구가 매우 특별하다고 얘기한다. 꼭 설계된 것처럼 딱 안성맞춤 자리에 위치한다고 한다.

중심으로 도는 줄 알았는데 이제는 지구가 태양 중심으로 돈다는 것을 아니 애당초 지구가 뭔가 중심이라는 생각은 멀어졌다. 우리가 줄을 선다면 맨 앞에 서거나 아니면 제일 중간 그것도 아니면 제일 뒤에 서는 것이 특별하다는 의미일지 모른다. 휴대 전화에서는 단축 번호 1번이 제일 중요한 사람일 것이다. 그런 의미에서 지구의 위치는 특별할 것도 중요할 것도 없는 애매한 위치다. 태양계 8개 위성에서 3번째 위치로 처음도 중간도 마지막도 아닌 정말 어중간한 위치다.

지구를 포함한 태양계 8개 행성의 특성

행성	수성	금성	지구	화성	목성	토성	천왕성	해왕성
지름(km)	4,878	120,104	12,756	6,794	142,796	120,000	51,120	49,520
태양과 거리 (백만 km)	58	108	150	228	778	1,429	2,875	4,504
공전 주기	88일	225일	365일	687일	11.9년	29.5년	84년	164.8년
자전 주기 (일)	58.65	243	1	1.03	0.41	0.44	0.65	0.77
질량 (지구=1)	0.055	0.815	1	0.107	318	95.2	14.5	17.2
부피 (지구=1)	0.056	0.857	1	0.151	1361	745	63	58
밀도 (물=1)	5.43	5.24	5.52	3.93	1.33	0.70	1.27	1.64
위성 수	0	0	1	2	>16	>22	>15	8

그렇다고 무슨 크기가 특별한 것도 아니다. 지구 반경이 약 6천 km인데 수성과 화성보다 조금 클 뿐 다른 행성에 비하면 정말 왜소

금성과 화성 금성과 화성의 모습. 하나는 너무 뜨거워서 못살고 다른 하나는 너무 추워서 못산다. 지구에 사는 게 얼마나 행복한지 모른다. <사진: 나사>

한 행성이다. 이왕이면 목성처럼 아주 크면 "아! 이게 좀 특별하구나" 할 텐데 그것도 아니다. 평균 밀도가 좀 크다는 것을 빼면 위성 수가 특별히 많은 것도 아니고 토성처럼 멋있는 고리라도 하나 있으면 좋으련만 영 없어 보이는 모양새다. 또 지구가 속한 태양계를 보아도 딱히 특별해 보이지 않는다. 태양계는 우리 은하에서 중심도 아닌 2/3 지점(우리 은하 반경 5만 광년 중 3만 광년 거리)에 있어 이것도 왠지 어중간해 보인다.

그런데 과학자 중에 정말로 지구는 특별하다고 생각하는 사람이 있다. 정말로 처음부터 잘 설계된 것처럼 딱 안성맞춤으로 여러 가지가 잘 조절(fine tuning)되어 있다고 한다. 몇 가지 중요한 것을 살펴보자. 첫째, 태양과의 거리이다. 지구와 태양과의 거리는 약 1억 5천만 km(=1AU)이다.

그런데 생각해 보라!
이 거리가 조금 가까워지거나 멀어지면 어떤 일이 벌어질까?

우리는 너무 잘 알고 있다. 금성을 보라. 태양과 거리가 지구보다 약 27% 가까울 뿐인데 표면 온도는 464℃이다. 처음에는 지구와 크기와 질량이 비슷해서 물, 숲 등 지구와 비슷한 환경을 기대하기도 하였는데 전혀 달랐다. 금성 대기에 있는 두꺼운 이산화탄소의 온실 효과 영향도 있지만(약 20℃ 상승 효과) 이게 없다고 하여도 금성 온도는 매우 높아서 그리고 변동이 너무 커서 무엇이 살 수는 없을 것이다. 대기가 희박한 수성의 경우 극심한 온도 변화(표면 온도 -184~450℃; 평균 179℃)를 보인다. 태양빛이 보이면 수백 ℃가 되었다가 해가 지면 영하 100℃ 이하로 내려간다. 그 무엇도 살 수 없다.

그럼 지구보다 조금 멀리 약 52% 더 떨어진 화성은 어떤가?

표면 온도가 -120~20℃(평균 -63℃)이다. 평균적으로 엄청나게 춥고 건조하다. 요새 우리나라 한파가 엄청난데 영하 20℃만 되어도 절대 바깥출입하지 말라고 신신당부 하는데 이런 곳에서는 그 어떤 것도 살 수 없을 것 같다. 그러니 그 많은 화성 탐사 노력에도 불구하고 무슨 생명체를 찾는 것이 애당초 틀려먹었는지 모른다. 그런데 지구가 참 신기한 위치이다.

너무 춥지도 않고 너무 덥지도 않고 어떻게 이렇게 안성맞춤인 곳에 우리가 살게 되었을까?

지구 대기의 조성도 참 신기하다. 건조 공기의 체적비로 보면 질소(N_2) 78.1%, 산소(O_2) 20.9%, 아르곤(A_r) 0.9% 그리고 이산화탄소(CO_2) 0.03% 정도 순이다. 사람이 살아가는데 필수적인 산소를 생각해 보자. 그냥 생각하기에 산소가 좀 더 많으면 더욱더 숨쉬기도 쉽고 그럴 것 같다. 그런데 산소가 더 많으면 자연발화 하는 산불이 정말로 많이 일어날 것이며 한번 나면 끄기도 더 힘들 것이다.

미국에서 가장 인기 있는 국립 공원 중 하나인 옐로스톤 공원은

옐로스톤 화재 2016년 옐로스톤 국립 공원 화재로 산림이 타고 있는 모습. 산소가 많으면 이런 자연 발화 산불이 더 많이 일어날 것이다. <사진: 위키미디어 커먼스>

수년에 한 번씩 엄청난 산불로 산림, 목초지 그리고 주민들이 피해를 보는데 상당수가 건조한 환경에서 번개 등에 의해 자연 발화한 것이다(70% 이상이 자연 발화이고 나머지가 사람이 원인).

한편 산소는 사람의 생명 유지에 필수적인데 5분 이상을 숨을 쉬지 않고 견디지 못한다. 이 시간이 지나면 의식을 잃어버리고 모든 생리적 활동이 중단되고 사망에 이른다. 그런데 산소 농도가 현재보다 많이 줄어들면 사람은 살기 위해 호흡수를 엄청 더 늘려야 할 것이다(현재 분당 17~20회 호흡). 산소가 부족한 고산 지대에서 왜 우리가 숨을 가쁘게 쉬는지 생각해 보라. 산소가 적으면 산불은 덜 나겠지만 무얼 익혀 먹거나 난방을 하기 무지 힘들 것이다. 그런데 공기 중 산소는 딱 사람이 살기에 적당한 20.9%다. 그게 지구의 산소다.

질소는 어떤가?

사람이 숨을 쉬기에 산소만 있으면 되는데 웬 질소?

나 같은 초보자가 집에서 화초 등을 키우다 보면 으레 죽이기에 십상이다. 너무 이상한 게 저 들판의 식물은 저렇게 잘 자라는데 그리고 바깥에 내놓은 화분은 문제없이 크는데 어찌하여 실내의 화초는 이렇게 잘 죽는 것인지. 온도, 햇빛 등 여러 가지 이유가 있겠지만 그 중 하나가 질소 부족이다. 비를 통해 물과 질소 등을 흡수하는데 실내에 키우면 인공적으로 비료를 주지 않는 한 받을 기회가 없다. 수돗물에는 비만큼의 영양 물질이 없다.

한편 지구의 크기가 사실 너무 크면 문제가 된다. 우리가 알고 있는 만유인력(중력)의 법칙에 의하면 질량이 많이 나가면 인력이 커서 다른 물질을 세게 잡아당긴다. 대기 중의 성분은 지구의 중력장에 의해 잡혀 있는데 만약 지구가 더 컸더라면 수소, 헬륨과 같은 가벼운 원소도 많이 붙잡아 두고 있을 것이다. 헬륨이야 불활성이라 그렇지만 수소가 대기를 채우고 있다면 생각만 해도 끔찍하다. 수소는 반응성이 강해서 조금만 열을 가해도 그냥 폭발한다. 우리는 통구이가 될지도 모른다. 지구가 지금보다 크지 않은 게 얼마나 다행인가. 질량이 큰 목성은 대기가 주로 수소와 헬륨으로 되어있다는 것을 생각해 보라.

인간이 살아가는데 산소뿐만 아니라 물도 필수적이다. 지구만큼 물이 많은 곳은 없다. 태양계 행성 중에서 액체인 물을 발견한 곳은 지구밖에 없다. 흔히 생명체 거주 가능 영역(habitable zone, HZ) 혹은 골디락스 존(Goldilocks Zone)의 핵심은 별(항성)로부터 멀리도 가까이도 말고 적절하게 떨어져 있어 온도 조건을 만족하게 해야 하고 액체 물이 존재해야 한다. 지구는 이런 측면에서 매우 정교하게 조절된

골디락스 존 골디락스 존에 속하는 행성에서는 생명체가 존재할 가능성이 있다. 별로부터의 적정한 거리와 액체 물의 존재가 중요하다. <그림: 나사>

위치에 있다. 완벽하게 설계가 된 것처럼 딱 그 위치에 있다.

지구는 23.4° 기울어져서 자전한다. 그런데 이게 기울지 않고 똑바로 자전한다고 하면 엄청난 일이 발생한다. 적도는 내리쬐는 태양이 너무 뜨거워 살 수 없고 남북극은 그야말로 인간의 접근을 전혀 허용하지 않는 극강의 추위를 보여 생명체의 생존 공간은 극히 제한적일 것이다. 또 계절 변화는 거의 없다고 보면 된다. 더군다나 만약 지구의 자전 속도(하루 한 바퀴)가 지금보다 아주 느려진다면 낮에는 너무 뜨겁고 밤이 되면 너무 추워서 살 수가 없다. 달의 자전 주기는 27.3일인데 절반은 낮, 절반은 밤이다. 그래서 낮에는 125℃, 밤에는 -160℃가 된다. 사람이 살 수 없다.

어떤 이는 그래서 그 모든 조건이 우연히 맞은 지구에 생명이 있는 것이라고 말한다. 그 말도 일견 일리가 있어 보인다.

그렇다면 왜 지구에만 있어야 했나?

이렇게 광대한 우주에서 그런 식의 우연의 확률이면 다른 곳에도 생명이 있어야 하지만 그런 증거는 아직 하나도 없다. 그렇게 찾으려고 노력해도 찾지도 못했고 또 무슨 연락이 오지도 않는다. 칼 세이건이 그리고 다른 많은 유물론 과학자들이 기대하고 있건만.

세월이 지나면 언젠가 만나게 될 것인가?

글쎄다. 나는 전혀 그렇게 기대하지 않는다. 우연한 발생은 전혀 지구의 특별함을 설명하지 못한다.

4장

동일 과정의 법칙

　창세기와 관련하여 크리스천이 자주 듣게 되는 지질학 법칙 혹은 이론의 하나가 '동인 과정의 법칙(설)'이다. 어떤 설명에 보면 이 법칙에 해당하는 영어 Uniformitarianism(Doctrine of Uniformity)를 한자어를 사용하여 '균일설'(均一說)이라고 말하는 경우가 있는데 틀린 해석은 아니지만, 이는 과거나 현재나 똑같다는 단순한 해석으로 이어질 염려가 있어 적절하지 않은 용어 같다. '동일 과정의 법칙'이 그 의미를 잘 표현한 것이므로 이를 사용하는 것이 매우 바람직하다.
　그럼 내가 지질학과에 입학하고 나서 배운 이 법칙은 무엇일까?
　사실 이미 고등학교 지구과학 시간에도 배웠지만, 대학 1학년 때 지질학과에서도 배운다. 지질학에서 어쩌면 가장 기본적인 법칙이기도 하고 지구의 역사를 밝히는 지사학 5대 법칙(동일 과정의 법칙, 지층 누중의 법칙, 동(식)물군 천이의 법칙, 부정합의 법칙, 관입의 법칙) 중 제일 으뜸이다. 고려 三隱(삼은)의 한 명인 길재 선생은 옛 도읍지를 돌아보며 이렇게 읊었다.

찰스 라이엘 지표 특성 변화 찰스 라이엘은 지구에 나타나는 대부분의 지표 특성 변화는 느린 지질 과정의 누적 때문에 일어난다고 이해하였다. <그림: 구글>

"산천은 의구한데 인걸은 간데 없네."

"산천은 그대로다"는 말이 참 의미심장하다.

동일 과정의 법칙은 "현재 일어나는 지질학적 과정은 동일하게 과거에도 일어났다"는 것을 말한다. 사실 이것은 너무나 자명한 원리이다. 물론 항상 소수의 예외는 있지만. 우리가 과거를 볼 수 없으므로 지금 현재 일어나는 현상이 과거에도 동일하게 일어났을 것이라고 추측하는 것은 매우 합리적이고 타당하다.

오히려 과거에는 지금과는 완전 딴판으로 자연 현상이 일어났다고 생각하는 것이 더 부자연스럽다. 그래서 처음으로 이 이론을 주창하였던 제임스 허튼(1726~1797)은 이것을 "The present is the key to the past"(현재는 과거를 아는 열쇠다)라고 표현하였다. 이후 다윈의 진화론에 크게 영향을 미친 찰스 라이엘(런던지질학회 회장)의 『지질학의 원리』(Principles of Geology)는 유명 저서를 통해 이 법칙은 지지가 되고 공고화되었다.

허튼의 절친이며 사장될 뻔한 동일 과정설을 다시 살린 존 플레이페어(John Playfair)의 말을 빌리자면 다음과 같다.

"강, 암석, 바다, 그리고 대륙은 그들의 모든 부분이 변해 왔는데 그러나 그들의 변화를 지배하고 따르는 법칙은 변하지 않고 그대로이다."

이것이 동일 과정설 창시자의 말이다. 그러나 동일 과정설도 하나의 과학 이론이므로 처음의 그 모습 그대로 있는 것이 아니라 이후 다양한 학자들에 의해 수정되어 지금에 이르고 있다.

분명 제임스 허튼, 존 플레이페어 그리고 찰스 라이엘은 당시 유행하던 격변설(지구 지각 특성은 빠른 대규모 격변 때문에 만들어진다는 주장)에 대하여 상당히 공격적 입장에서 거의 모든 지질 현상을 느린 과정, 심지어 화산 활동이나 홍수, 용암 등의 빠른 지질 현상도 국지적 규모로 제한하고 전 세계적 관점에서는 느린 과정으로 해석하였다. 그리고 이 느린 속도가 과거에도 동일했다고 보았다.

이러한 주장은 당시에 수많은 관찰을 통해 확립되었는데 예를 들어 흐르는 물이 아주 조금씩 침식시켜 하천이 매우 조금씩 커지는 것을 관찰하였다. 즉 현재의 자연을 보면 그 변화가 아주 조금씩 점점 더 일어난다는 것을 깨달았다.

이게 이들의 패착이다. 분명 대부분의 지질학적 과정은 현재 우리가 보더라도 소규모로 매우 느리게 일어나는 것이 사실이다. 그러나 모든 지질 현상이 그런 것이 아니다.

어떤 이들은 동일 과정설의 오류를 지적하기 위하여 특히 미국 워싱턴주 세인트헬렌스산의 분화와 화산 쇄설물의 매우 빠른 퇴적

세인트헬렌스 분화 퇴적물 1980년 5월에 미국 워싱턴주 세인트헬렌스산이 분화하였다. 이때 많은 화산 쇄설물이 나왔는데 단 몇 시간 만에 30~40m의 퇴적층을 형성하였다. 이것이 동일 과정설을 부정하는 가장 대표적인 사례로 소개되고 있다.
<사진: 짐 모리스, 2009>

속도를 예로 든다. 동일 과정설에 의하면 혹은 지질학에 의하면 퇴적물이 30cm가 쌓이려면 수천 년이 걸린다고 하는데 이 경우는 순식간에 쌓일 수 있음을 보였다는 것이다. 그러면서 동일 과정설 그리고 지질학자들이 틀렸다고 비난한다. 또 만약 세인트헬렌스산이 분화하는 것을 못 본 지질학자라면 이렇게 두껍게 쌓인 퇴적물을 보면 분명 수억 년에 걸쳐 생겼다고 판단할 거라고 비웃는다.

사실 일반적 상황에서 퇴적이 매우 느리게 일어나는 것은 분명하다. 그러나 화산 쇄설물은 다르다. 지질학자들은 바보가 아니다. 현장에 와서 화산이 분화하는 것을 못 보았다고 하여도 두꺼운 화산 쇄설물 퇴적층을 보고 수천 년 혹은 수억 년에 걸쳐서 쌓였다고 말하지

세인트헬렌스 분화 1980년 세인트헬렌스산의 폭발적 분화로 산의 한쪽이 순식간에 사라져 버렸다. 격변적 지질 사건이라고 할 수 있다. <사진: 위키미디어 커먼스>

는 않을 것이다. 왜냐하면 그게 화산 쇄설물인 줄 알기 때문이다. 세인트헬렌스산의 분화를 못 보았어도 현재 다른 지역 화산 경험을 통해 또는 지질학적 지식을 통해 순식간에 엄청난 두께로 화산 쇄설물이 쌓일 수 있다는 것을 알기 때문이다.

이것이야말로 진정한 동일 과정설이다. 즉 현재 느리게 일어나는 현상도 있고 반대로 화산 분화나 홍수처럼 순식간에 일어나는 과정도 있다. 그러므로 이런 느린 것과 빠른 것 모두 과거에도 같은 방식으로 같은 속도로 일어났을 것으로 추정하는 것이 현대의 동일 과정설이다. 즉 무조건 지질 현상은 모두 다 느리다고 주장하는 것이 아니다.

사실 제임스 허튼, 플레이페어, 라이엘 모두 지진, 화산 등을 잘 알고 있었다. 그리고 이들 현상이 순식간에 일어나고 파괴적임을 잘 알고 있었다. 심지어 다윈도 1822년 칠레 대지진을 직접 경험하였고 이때 라이엘의 동일 과정설이 지진과 화산 등의 격변적 사건도 포함하고 있음을 알고 있었다. 그런데도 이들은 그런 사건은 국지적이며 지구적 규모에서 보았을 때 대세를 거스르지 않는 느린 과정의 하나로 보았다. 이게 오해를 일으킨 이들의 잘못이다.

소수의 예외적 사례를 들어 어떤 과학 이론을 거짓으로 치부하는 것은 맞지 않는다. 격변적 사건의 몇 가지를 들면서 느린 지질 과정을 얘기하는 동일 과정설은 다 틀렸다고 얘기하는 것은 합리적 태도가 아니다. 대부분 지질 과정은 매우 느리다. 그렇지만 현대의 동일 과정설과 지질학(혹은 지질학자)은 빠른 격변적 사건을 부정하지 않는다. 그 규모가 아주 클 수도 있고 작을 수도 있다.

나는 대학에서 화석은 매우 빠른 '매몰'로 만들어진다고 배웠는데 어떤 교회 사람들은 지질학자들이 혹은 동일 과정설이 "화석이 아주 긴 시간 동안 만들어진다"라고 한다면서 비난하는 것을 보았다. 화석은 순식간의 매몰과 긴 시간의 암석화 작용을 거친다. 이해의 부족에서 비롯된 것이다.

나는 지질학자로서 지구의 역사에서 여러 격변적 사건들을 배웠고 알고 있다. 물론 격변이라는 말이 의미하는 바가 어떤 시간적 길이 그리고 규모를 뜻하는지는 불명확하지만.

예를 들어 중생대 쥬라기와 백악기에 번성하였던 공룡이 6,500만 년 전 갑자기(?) 멸종해버렸다. 이러한 멸종에 대하여 설득력 있는 여러 가지 학설과 주장이 있지만 소행설 충돌설도 그중 하나이다. 소행성이 지구에 충돌하면서 발생한 환경 변화 때문에 공룡이 멸종했다는 것이다. 소행성이 충돌하면서 생긴 먼지가 하늘을 덮어 햇빛을 가

4장 동일 과정의 법칙   133

소행성 충돌 소행성이 지구에 충돌하면 엄청난 재앙이 발생한다. 오래전 과거에는 다양한 크기의 소행성이 지구에 충돌하였고 여러 흔적을 지구에 남겼다고 한다.
<그림: NASA>

렸을 것이고 땅은 불길에 휩싸이고 해일이 덮쳤을 것이다. 실제로 공룡 멸종 시기와 일치하는 지층에서 지구에서는 희귀한 원소인 이리듐층이 발견됐다. 이런 게 격변이다. 당연히 빠른 과정이지 느린 과정이 아니다.

우리는 과거 백두산이 분화(폭발)했다는 것을 알고 있다. 기록에 의하면 900~1,900년까지 약 13차례 분화가 있었고 천년에 한번은 그 규모가 매우 컸다고 한다. 대규모 분화 때에는 화산 폭발로 나온 화산 쇄설물(화산진, 화산재, 화산역, 화산암괴)이 대단했을 것이고 북한과 편서풍으로 인해 일본에도 영향을 주었을 것이다. 실제로 일본에서는 10세기경으로 추정되는 화산재층이 발견되었는데 이의 근원지가 백두산으로 밝혀졌다. 백두산 근처에는 매우 두꺼운 화산재 퇴적층이 있을 것이며 이 층은 순식간에 쌓인 것이다. 이 퇴적층을 동일 과정설에 의해 오랜 기간에 쌓였다고 말할 지질학자는 없다.

볼더시의 폭우 홍수 2013년 9월 콜로라도에 있는 볼더시는 순식간에 발생한 폭우로 인해 엄청난 피해를 보았다. 이후 볼더시의 지표면의 모습이 많이 변했다. <사진: 볼더시>

2015년 나는 안식년으로 미국 콜로라도 볼더(Boulder)에 살고 있었다. 볼더는 전에 수차례 홍수로 인해 큰 피해를 보았다. 그래서 정기적으로 대피 훈련을 한다. 볼더는 비가 오면 순식간에 퍼붓는 폭우(flash flood)가 무섭다. 2013년 9월 12일에 231mm 그리고 15일에는 430mm의 비가 내렸다. 볼더의 연평균 강수량이 525mm임을 감안하면 엄청난 폭우라는 것을 알 수 있다. 이때 8명이 사망하고 500명 이상 실종되었고 11,000명이 대피하였다. 정말 순식간에 일어난 일이다.

이 홍수로 인하여 볼더의 지표면에 엄청난 변화가 발생하였다. 2015년 당시에 내가 살던 콜로라도대학교 교수아파트 인근 개울(Boulder Creek)에는 당시 희생자를 추모하는 추모비가 세워져 있고 또 그 옆에는 폭우를 주의하라는 경고판이 있다. 이런 거로 보면 지표면 혹은 지각을 변화시키는 지질 현상이 매우 격변적으로 일어남을 알 수 있다. 그러나 이런 일이 자주 일어나는 게 아니다. 이게 일상적이라면 사람은 살 수 없을 것이다.

지층 누중의 법칙 지층이 뒤집히지 않았다면 아래 지층이 위의 지층보다 더 오래된 것이다. 이를 지층 누중의 법칙이라고 한다. <미국 아리조나주 그랜드 캐넌>

다시 말하지만, 현대의 지질학 혹은 현대의 동일 과정설은 규모에 상관없이 격변적 사건을 부인하지 않는다. 그러므로 과거의 동일 과정설을 표피적으로 이해하여 오직 느린 과정만을 주장한다고 그래서 지질학은 틀렸다고 하는 것은 옳지 않다.

1. 지층의 선후 관계

지질학에서 지층의 선후 관계에 대한 판단은 앞에서 말한 지사학의 여러 가지 법칙과 자연 현상에 대한 합리적 이해에 바탕을 두고 있다. 예를 들어 지층 누중의 법칙(law of superposition)은 "지층의 역전(뒤집힘)이 일어나지 않았다면 아래 지층이 위의 지층보다 오래된 것이다"라는 것이다. 또 관입의 법칙은 "관입(intrusion)을 당한 지층은 관입한 지층보다 많이 오래되었다"라는(먼저 있었다는) 뜻이다.

이러한 이치는 사실 지질학이 아니라 일반 생활 속에서도 흔히 발견되고 판단되는 것이다. 예를 들어 집을 짓는다고 하였을 때 기초(땅)도 없이 그 위에 집을 지을 수는 없다. 그러므로 집이 세워졌다면 기초는 당연히 집보다 오래된 것이다. 다른 예를 찾아보자. 10층 탑이 있다고 하자. 그렇다면 1층은 당연히 10층보다는 지어진 지 오래되었을 것이다. 1층이 없이 10층이 있을 수는 없기 때문이다. 그러므로 지질학에서는 지층의 나이와 순서를 정하기 위해서 우선 지층의 상하 관계(신구 관계)를 먼저 결정한다. 그런데 이것은 일반인들이 생각하는 상하 관계와 조금 다르다.

아래 그림을 보자. 왼쪽 그림에 산이 있다. 그리고 산 내부에는 지층이 숨겨져 있다. 우리는 내부를 알 수 없다. 오로지 지표면으로 드러나 있는 부분만 볼 수 있다. 일반인에게 A와 B 두 지점 중에서 어디가 더 위냐고 물어보면 대부분 사람은 주저 없이 A라고 대답할 것이다. 너무 당연한 답이다.

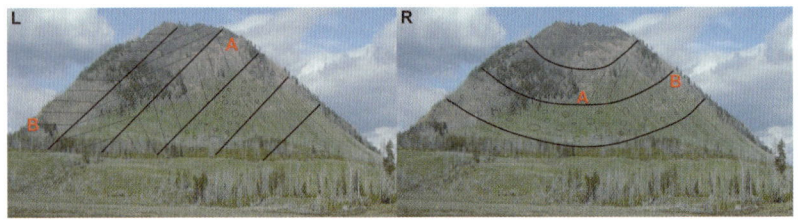

지층의 선후 관계 지질학에서 지층의 상하는 일반인이 생각하는 상하 관계와는 아주 다르다. 왼쪽 그림에서는 B 지점이, 오른쪽 그림에서는 A 지점이 더 위에 있다.

그런데 지질학과 학생들에게 물으면 좀 다를 것이다. 처음에 일반인과 똑같이 A입니다라고 답하려고 하다간 순간 이런 생각이 든다.

지층의 주향 경사 측정(클리노콤파스) 클리노콤파스라는 지질 조사 장비를 이용하여 지층의 주향과 경사를 측정하는 모습. 주향은 지층의 발달 방향을 그리고 경사는 지층의 기울어진 정도를 나타낸다. <사진: 구글>

'교수님이 이런 간단한 것을 물어볼 리 없다.'

그리고는 가지고 있던 클리노콤파스(지층의 발달 방향을 측정하는 지질 도구)를 꺼내서 주향과 경사를 측정한다. 그리고 보이지 않는 땅속의 지층의 형태를 유추하고는 결론에 도달한다.

"교수님, 이 지층들이 역전이 발생하지 않았다고 한다면 B 지점이 더 위입니다."

"딩동댕!"

그런데 사실 이런 식의 전개는 저학년이나 하는 반응이지 좀 아는 고학년은 고민하지도 않는다. 바로 클리노콤파스를 먼저 들이대고 자연스럽게 답을 끌어낸다.

아마도 이 지층들에 화석이 있다면 A 지층의 화석들이 B 지층의 화석들보다 오래된 것이 나오는 것이 맞다. 이젠 오른쪽 그림을 보자. 도로를 내기 위해 산을 잘라 단면이 드러났다고 하자. 이 경우에도 사실 일반인은 잘 알지 못한다. 습곡(지층이 휜 것)을 보고도 알지 못하기 때문에 여전히 어떤 게 더 위의 것인가 하고 물으면 당연히 B라고 대답한다.

그러나 습곡이 뭔지를 아는 지질학자들은 당연히 A라고 답한다. 지질학자들은 그냥 눈에 보이는 지형의 고저로 지층의 상하 관계를 결정하는 것이 아니다.

이 얘기를 하는 이유는 가끔은 지질학에 대한 이해가 부족한 사람이 교회에서 "여러분, 지층이 아래에 있다고 오래된 것이 아니고요. 사실은 동시에 쌓인 것입니다"라고 하는 경우가 있어서다. 화석도 그냥 매몰된 위치를 말하는 것이지 시간을 얘기하는 게 아니라고 한다. 그렇지 않다. 바다에서 각각 다른 위치에서 살던 생물들이 동시에 매몰될 가능성은 거의 없다. 그리고 물고기들이 하릴없이 더 깊은 곳으로 혹은 더 얕은 곳으로 놀러 갈 일은 없다.

교회 내에서 지질학이 말하는 여러 가지 법칙이나 학설(동일 과정설, 지층 누중의 법칙, 화석 등)들의 몇 가지 약점 혹은 오해에서 비롯된 몇 가지들을 집중적으로 부각해 그 전체를 틀린 것으로 만드는 것은 바람직하지 않다. 왜냐하면, 모든 지질학자가 바보가 아니며 크리스천도 많고 또 그들은 하나님을 부정하기 위해 지질학 연구를 하는 게 아니기 때문이다. 동일 과정설(법칙)을 부정한다고 하나님의 창조가 증명되는 게 아니다.

5장

지구 나이

나로서는 정말로 어려운 문제에 봉착하였다. 그렇다고 이 문제를 다루지 않고는 내가 의도한 이 책을 마무리할 수가 없다. 내가 크리스천이 되기 전에 이러한 논쟁이 있는지 정말 상상도 하지 못하였다. 사실은 인간, 지구 그리고 우주의 기원에 대한 것은 너무나 중요한 삶의 문제이기도 하지만 또 눈앞의 먹고 사는 문제가 더 중요한 현실에 직면해서는 하루 단 한순간도 생각하지 않는 문제이기도 하다.

그러나 초대 중소벤처기업부 장관 후보자의 지구 나이에 대한 논쟁이 하필 나의 크리스천으로서의 믿음 생활 시작과 시기적으로 맞물려 선후배 교수들을 만나면 나에게 "이 박사도 6,000년이라고 생각해?"라고 물을 때 너무 당혹스러웠다.

나는 개인적으로 지구의 나이가 몇 살인 것이 왜 믿음에서 문제가 되는지 알지 못한다. 그런데 교회 내에서 줄기차게 지구는 젊고 6천 년이라느니 만 년을 넘지 못한다고 하는 사람이 있다고 한다. 어떤 경우는 이것을 믿지 않으면 성경을 믿지 않는 것이고 크리스천으로

Earth is 4.54 billion years old.

지구의 나이 과학자들은 지구의 나이가 45억 년이라고 말하고 있다. 젊은 지구를 인정해야만 올바른 크리스천이 되는 것일까?

서 문제가 있는 사람이라고 비난한다고 한다.

사실 내가 지구 나이를 연구한 것은 아니지만 나는 일반인 누구보다 이것에 대하여 전문성이 있는 편이다. 지질학과에서 학사, 석사 그리고 박사까지 했으면 꽤나 이 부분에 대하여 말할 자격이 있을 것이다. 그렇다면 나는 지구 나이 45억 년(45.4±0.5억 년)이 과학적으로 맞다고 말하고 싶다. 왜냐하면, 이것을 연구하는 국내외 동료 과학자들의 성실성과 그들의 정직성을 믿기 때문이다. 이들이 하나님을 믿든 믿지 않든. 또한, 과학자들 사이의 시기, 질투, 경쟁, 그리고 부정에 대한 상호 감시 작용을 믿기 때문이다.

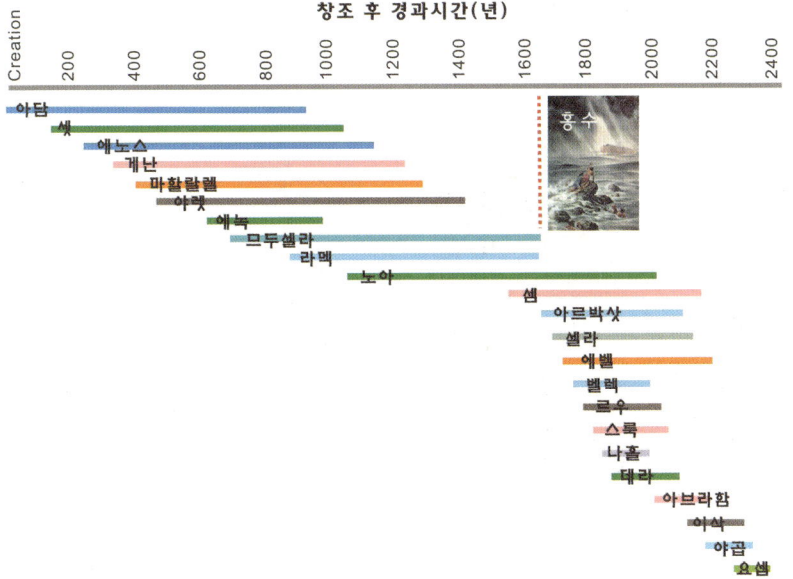

성경의 족보 성경에 나온 족보(누가 누구를 낳고)를 통해 아담이 창조되었을 때를 거슬러 시간의 계산이 가능하다. 제임스 어셔 주교는 이 계산을 통해 기원전 4004년을 천지창조로 보았고 최근 소위 창조 과학자들도 비슷한 주장을 한다.

1. 6천 년은 어디서 왔나?

일부 사람들이 지구의 나이가 6천 년 정도라고 하는 데에는 나름대로 근거가 있다. 바로 성경이다. 창세기 5~11장을 보면 아담에서 그들의 후손 아브라함까지에 대한 족보가 나오는데 후손을 몇 살에 낳았는지 언제 죽었는지 기록하고 있다.

이들을 연대기적으로 중첩하여 나열하면 연대가 나오며 이후 아브라함이 이삭을 낳은 나이(창 21장), 이삭이 야곱을 낳은 나이(창 25장), 그리고 야곱이 요셉을 낳은 나이(창 47장의 요셉을 애굽에서 만났을 때 야곱의 나이[130세]와 요셉[39세]의 나이로)를 알 수 있다. 그리고

케플러와 뉴턴 역사상 대단했던 과학자들도 젊은 지구 나이를 믿었다. 행성 운동을 정확히 기술한 케플러 그리고 만유인력의 법칙을 발견한 뉴턴도 마찬가지였다.
<사진: 구글>

야곱이 입애굽 한 후 430년이 지난 시점에서 출애굽(출 12: 40)을 하였으며 출애굽 한 지 480년이며 솔로몬이 왕위에 오른지 4년에 성전 건축을 하였는데 솔로몬의 재위 기간(BC 917~931년)은 이스라엘 역사를 통해 어느 정도 추정이 되므로 창조 이후 총 기간이 대충 계산된다.

1658년 아일랜드 대주교 제임스 어셔(James Ussher)는 위와 비슷한 계산을 통해 천지창조를 기원전 4004년(BC 4004년 10월 23일)으로 보았다. 이 값에 서기(AD)를 더하여 지구의 나이가 대략 6천 년이라는 말이 나오게 된 것이다. 사람을 창조 마지막 날에 만드셨지만, 전체 긴 기간에 비하면 6일은 무시해도 좋은 날짜이므로 대략 6,000년이라는 것에는 별 변함이 없다. 그런데 이 연대는 1701년에 발간된 킹 제임스 성경에도 기록되었다. 이후 교회 내에서 광범위하게 이 연대가 받아들여졌다. 사람에 따라 위의 계산 방법이 조금 다를 수 있고 오차의 여지는 있지만 거의 비슷한 연대를 말하고 있다.

특히 성경을 문자적으로 받아들이는 경향이 강한 근본주의자들, 안식교인들이나 소위 창조 과학이라는 것을 하는 사람들은 대체로 이와 같은 젊은 창조 나이를 받아들이고 있는 것 같다. 흥미로운 것은 천문학에서 매우 중요한 행성 운동의 세 법칙(타원 궤도의 법칙, 면적 속도 일정의 법칙, 주기의 법칙)을 발견한 요하네스 케플러는 BC 3993년을 창조 연대로 그리고 만유인력(중력)의 법칙과 미적분을 발견한 인류역사상 가장 위대한 과학자로 불리는 아이작 뉴턴도 BC 3998년을 지지하였다. 종교 개혁의 아이콘인 마틴 루터도 창조 연대를 BC 3961년이라고 주장했다.

2. 45억 년은 어디서 왔나?

그런데 이 젊은 연대가 교회가 사회를 지배하고 과학이 미비하였던 시절에는 문제가 없었다. 그런데 과학이 발달하면서 엄청난 도전을 받게 되었다. 지구의 나이를 소위 과학적 방법으로 최초로 측정한 사람은 콩트 드 부폰인데 그는 지구가 뜨거운 상태에서 식었으므로 뜨거운 쇠가 식는 속도를 통해 지구 나이를 알 수 있다고 했다.

1779년 그는 실험을 통해 지구 나이가 약 7만 5천~16만 8천 년이라고 주장했다. 또 19세기 영국 물리학자 켈빈은 지구 나이를 20~40만 년이라고 주장했으며 진화론의 다윈은 느린 퇴적 과정에 기반을 두어 지구의 나이를 3억 년 정도로 추정하였다.

한편 20세기에 들어서면서 방사성 연대 측정법이 도입되면서 지구 나이가 많이 늘어났는데 1905년 하버드대학교의 볼트우드는 22억

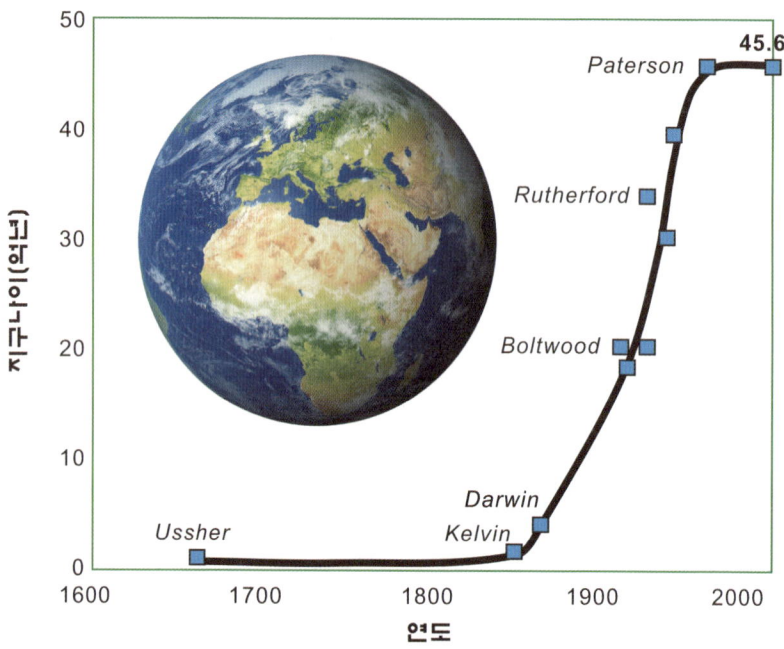

지구의 나이 지구의 나이는 과학이 발전함에 따라 크게 변해 왔다. 과거에는 성경에 기반을 두어 약 6천 년을 믿어왔지만, 지금은 주류 과학계에 의해 45억 년으로 받아들여지고 있다. <그림: 한겨레>

년, 그리고 영국 지질학자 아서 홈스는 약 30억 년이라고 하였다. 1950년대 미국 지구화학자 클레어 패터슨은 지구와 운석을 동시대 물질로 생각했고 운석의 납 동위원소 분석을 통해 지구 나이가 45.5억 년이라고 하였다. 이후 보다 정밀한 실험을 통해 45.4억 년이 제시되었다.

이후 지금까지 많은 사람이 지구 나이를 연구하였으나 이 나이에서 큰 변화를 보이지 않고 수렴되는 양상을 보인다. 그래서 이제는 주류 지질학계에서는 지구 나이 45억 년에 대해서는 이견이 없다. 나도 그렇다.

그런데 교회 내 일부 성도들과 창조 과학을 하시는 분들은 지구 나이 6천 년을 진실로 받아들이고 이것을 절대적으로 믿는 것이 성경을 제대로 믿고 하나님을 믿는 신실한 길이라고 생각한다. 그래서 지질학이 말하는 45억 년은 틀렸다고 공격한다. 사실 어셔 대주교 그리고 그와 궤를 같이하는 사람들의 연대 계산 자체는 약간의 오차를 고려하더라도 논리적이며 틀림이 없다고 본다. 문제는 그렇게 계산한 연대(나이)가 지구의 나이 혹은 지구 창조의 연대가 맞느냐는 것이다. 나도 그냥 6천 년이면 너무 좋겠다. 지구도, 달도, 태양도, 별도 모두 6천 년이면 너무 좋겠다.

그런데 성경에 나타난 족보와 연대기가 지구의 나이 혹은 지구 창조일을 나타내도록 쓰인 것일까?

설사 계산한 값이 정확하다고 하더라도 그게 지구의 나이를 나타내는 것일까?

난 그렇게 생각하지 않는다. 성경은 하나님께서 세상을 창조했음을 말하는 것이지 족보를 분석하여 지구 나이가 6천 년이라는 것을 알려주기 위하여 쓰인 것이 아닐 것이다.

> 태초에 하나님이 천지를 창조하시니라 창 1:1

바로 이것이 창세기의 기록 목적이다. 이 세상은 세속의 사람들이 혹은 불신자들이 생각하는 것처럼 저절로 자연적으로 생긴 것이 아니라 여호와 하나님이 창조하셨다는 것을 말하기 위하여 창세기가 쓰인 것이다. 창세기 기자는 그것에 방점을 두고 있다.

창세기 기록 당시 근동 지방의 많은 사람은 혹은 다른 지역의 사람들도, 심지어 지금의 사람들도 모든 것을 보이는 물질로 해석하려고 한다. 눈에 보이는 것 중에 인간에게 두려움을 주거나 극복하기 힘든 게 태양, 달, 별, 바다 이런 것들이다. 그러니 태양에 신성을 부여하여 태양신을 만들고 또 달신을 만들고 별신을 만들어 숭배하였다. 또 어떤 사람들은 바다의 신도 만들고 대지의 신도 만들고 명계의 신, 죽음의 신도 만들어냈다.

그런데 하나님은 창세기를 통해 무슨 말씀을 하고 싶었던 것일까?

"그것들 신 아니거든. 내가 다 만든 피조물이거든. 지구, 땅, 바다, 별, 달 모두 내가 만들었다. 그거 알아야 한다."

그게 하나님이 하시고 싶은 말씀 아닐까?

그러니 신은 나 하나뿐이다.

그러니 지구 나이 6천 년이라고 우기면서 지구 나이 45억 년이라고 말하는 지질학계와 싸우지 말자. 그들을 틀렸다고 비난하지 말자. 물론 지질학자들이 틀렸을 수도 있다. 그런데 그것의 수정과 개선은 그들 과학자에게 맡기자.

왜 크리스천이 과학 논쟁에 참여하려고 하는가?

성경은 무오하지만 그것을 해석하는 우리는 틀릴 수 있다. 하나님이 주신 특별계시인 성경의 목적에 부합하게 받아들이자. 성경은 하나님의 능력을 또 하나님의 사랑을 또 하나님의 구원을 보여준다. 그러나 일반계시인 자연에 대해서는 과학자들의 해석을 받아들이자. 그들이 발견한 진실과 진리는 모두 우리 하나님이 숨겨둔 보물이다. 그것을 함께 즐기자. 지구 나이 45억 년이라고 우리 하나님이 부인되지 않는다.

3. 방사성 동위 원소 연대 측정

그런데도 굳이 지질학자들이 말하는 45억 년을 부인하기 위해 여러 가지를 공격한다. 그중에서 단골 메뉴 중의 하나가 방사성 동위 원소 연대 측정으로 저 나이가 나왔으므로 그 방법이 틀렸다고 약점을 들어 막 공격한다. 그런데 그 공격이 사실 별로 합리적이지 않다. 때로는 지금은 극복된 과거의 약점을 공격하는 때도 있고 또 소수의 잘못된 사례를 가지고 전면적으로 부인한다든지 하는 경우가 많다.

앞서 얘기한 대로 과학은 완벽한 것이 아니다. 그러므로 늘 약점과 한계가 있다. 그러나 그것 때문에 모두를 부인하는 것은 옳지 않다. 멀쩡한 자동차가 급발진하고 멀쩡한 컴퓨터도 오작동하며 또 멀쩡한 스마트폰이 갑자기 작동을 안 한다. 그렇다고 과학으로 만든 그것들을 막 버리지는 않는다.

방사성 동위 원소 연대 측정법은 방사성 물질의 자연 붕괴를 이용한 나이 측정법이다. 우라늄(^{238}U), 토륨(^{232}Th), 루비듐(^{87}Rb), 포타슘(^{40}K), 그리고 탄소(^{14}C)와 같은 방사성 물질은 안정 원소와 달리 불안정하여 시간이 지나면서 스스로 붕괴하여 자원소(daughter element)로 바뀐다. 그런데 어떤 방사성 물질 모원소(parent element)가 붕괴하여 자원소로 될 때 처음 양의 절반이 될 때까지 걸리는 시간을 반감기라고 한다. 이 반감기는 방사성 물질에 따른 고유 특성으로 일정하다고 한다.

이름	Rb-Sr 법	U-Pb 법	K-Ar 법	C14 법
붕괴식	$^{87}Rb \rightarrow \,^{87}Sr + \beta$	$^{238}U \rightarrow \,^{206}Pb + \beta$	$^{40}K \rightarrow \,^{40}Ar + \beta$	$^{14}C \rightarrow \,^{14}N + \beta$
반감기	470억 년	45억 년	12.8억 년	5,700년

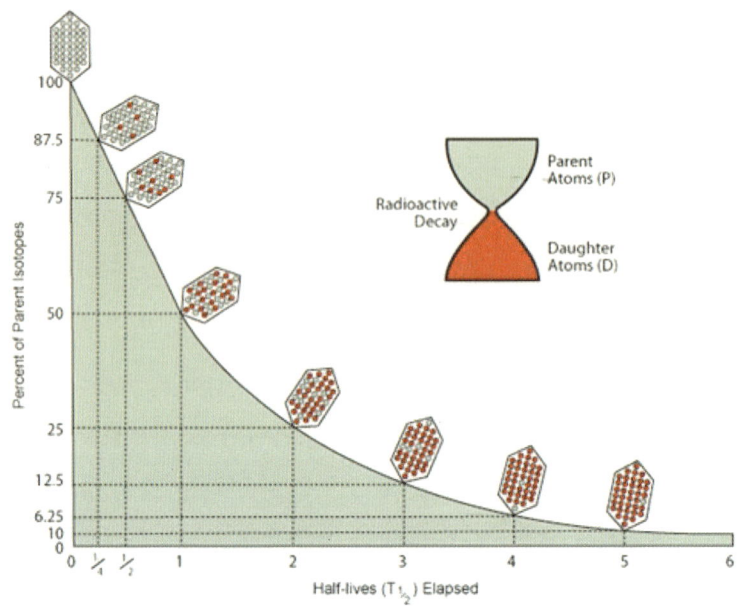

방사성 연대 측정 방사성 동위 원소 연대 측정법은 모원소(P)가 최초의 양과 비교하여 얼마나 남아있는지를 보고 연대를 결정한다. 50% 남았으면 반감기가 한번, 25% 남았으면 반감기가 두 번, 12.5% 남았으면 반감기가 세 번 지났다는 뜻이다.
<그림: 미국립해양대기청(NOAA)>

즉 모원소의 양이 처음에 있는 양에 비하여 얼마나 남아있는지에 따라 연대(나이)가 결정된다. 예를 들어 모원소가 처음 양의 1/2(=50%)이면 연대는 반감기가 한번 지난 것이고 1/4(=25%)이면 반감기가 두 번 지난 것이고 1/8(=12.5%)이면 반감기가 3번 지난 것이다. 이런 방법으로 관심 대상(암석, 유물)의 연대(나이)를 결정한다.

그런데 이 방사성 연대 측정법은 여러 가지 가정을 전제로 하고 있다. 그중에 중요한 것으로 다음과 같은 것들이 있다.

① 모원소와 자원소의 처음 양을 정확하게 알아야 한다.

② 연대를 측정하는 암석 혹은 유기물(뼈, 식물, 동물 등) 내의 이들 모원소와 자원소의 양은 오직 시간에 따라 변할 뿐 주변에서 이들 원소들이 공급되거나 혹은 내부에서 빠져나가서는 안 된다. 즉 외부와 고립된 시스템이어야 한다.

③ 모원소가 붕괴하는 속도는 일정해야 한다.

어떤 사람들은 방사성 동위 원소 연대 측정법이 위의 중요한 가정들을 만족하지 않는다고 공격함으로써 지구의 오랜 나이를 틀렸다고 부정한다. 그렇다면 위의 가정들을 좀 더 살펴보자.

첫째, 모원소와 자원소의 처음 양을 정확히 알아야 한다는 것인데, 맞다.

지금의 양은 분석 기술이 발진하면서 엄청 정확하게 측정할 수 있지만 처음 양은 우리가 알기가 쉽지 않다. 물론 현재의 모원소와 자원소의 합으로부터 처음의 모원소의 양으로 쉽게 추정해볼 수 있지만, 이것은 정확하지 않다. 처음에 자원소가 조금이라도 있었으면 그 나이는 과다 계산되기 때문이다.

그런데 크게 걱정할 필요가 없는 것은 이제는 아이소크론(isochron)법이라는 방법이 나와서 처음 양을 몰라도 계산이 충분히 되고 또 믿을 만하다. 이 방법은 계산되어 나온 나이의 신뢰성도 평가할 수 있고 또 초기 농도에 오염이 있었는지 혹은 외부와 고립된 시스템(모원소와 자원소의 유출입 여부)인지 아닌지도 평가가 가능하다.

둘째, 조건의 만족 여부도 알 수 있다.

만약 충족하지 않으면 그것으로 나온 연대(나이)는 버리면 된다. 그러나 이 방법도 만능은 아니어서 암석이 동일한 기원이 아닐 경우 계산한 나이가 부정확해질 수 있다. 그러나 이런 약점은 다른 여러 지질학적 방법을 통해 검증하면 극복할 수 있다. 그러니 사소한 약점을 트집 잡아 못 믿겠다고 하는 것은 합리적이지 않다.

셋째, 방사성 물질의 붕괴 속도가 일정해야 하는데 그렇지 않다면서 이 동위 원소 연대 측정 방법을 비판한다.

몇몇 사람들은 방사성 물질의 붕괴 속도가 온도, 압력, 전자기장 등의 영향을 받아 일정하지 않으며 약 10억 배 정도까지 빠를 수 있다고 주장한다. 그러나 그 주장의 과학적 근거가 미약하며 실제로 붕괴 속도가 변한다고 하여도 애초의 값에서 크게 멀지 않다. 그러니 단순히 붕괴 속도가 변할 수 있다는 사실만으로 이 방법이 무용하다고 얘기하는 것은 맞지 않다.

예를 들어 앞에 가는 차의 속도가 시속 100km라고 하자.

그런데 차의 속도를 재는 기기로 측정을 하였더니 시속 99.9km가 나왔다고 하면 그 기기를 틀렸다고 하는가?

어떤 일을 비판하기 위해서는 균형 있게 살펴야지 어떤 사소한 것을 침소봉대하여 의도적으로 왜곡하는 것은 옳지 않다.

방사성 동위 원소 연대 측정법은 분명 일정 부분 한계를 가지고 있다. 그러나 지금 현대 과학으로 지구, 암석 그리고 유기물의 나이를 측정하는 가장 신뢰할 만한 도구임이 틀림없다. 그리고 과학자들은 어떤 대상의 나이(연대)를 정할 때 하나의 방법만을 적용하지 않는다. 다수의 다른 방법을 이용하여 그 값을 검증한다. 과학자들은 경쟁심, 질투심도 강하고 비판 의식이 강하여 다른 사람의 주장을 곧이곧대로 받아들이지 않는다. 눈을 부릅뜨고 틀린 것 찾아내려고 혈안이 되어있다. 그러니 이 방법의 약점을 들어 전면 무시하는 말은 하지 말자. 무식해 보인다. 지구 나이 45억 년을 인정한다고 하나님이 부인되지 않는다.

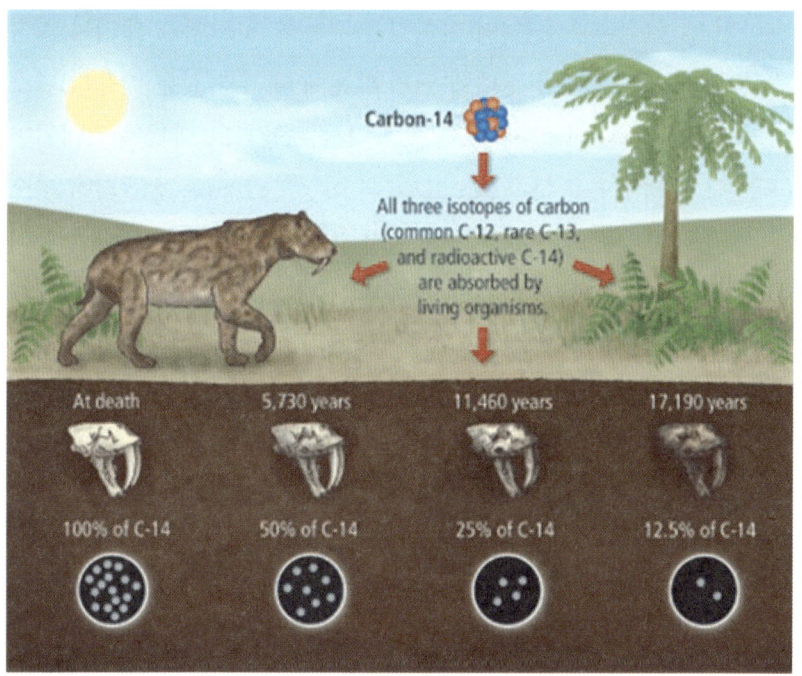

탄소 연대 측정 생물이 살아있을 때는 대기와 같은 탄소14 농도를 보이다가 죽어 묻히면 이 방사성 물질이 점점 붕괴되므로 이것을 이용하여 살았던 연대를 추정한다.
<그림 : EduMission>

4. 탄소 연대 측정

위의 방사성 동위 원소 연대 측정법 중에서도 특히 탄소 연대 측정법은 반감기가 5,700년으로 짧아 비교적 최근의 화석, 고고학적 유물 등 유기물의 연대를 정할 때 주로 사용된다. 그런데 대기 중에 탄소14(^{14}C)의 양이 매우 적기 때문에(전체 탄소 중 약 1조분의 1) 연대가 너무 길면 이것이 다 없어지므로 약 6만 년 이내의 것에만 적용할 수 있다. 더 이상 긴 연대에 대해서는 이 방법을 적용할 수 없다.

어떤 생물(식물과 동물)이 살아있을 때는 호흡을 통해 대기와 지속해서 접하고 있어 평형 상태에 있기 때문에 대기와 같은 비율의 탄소14가 생물의 체내에 있다. 그러나 죽어서 매몰되고 대기와 격리되면 (혹은 더 이상 호흡을 하지 않으므로) 더 이상 탄소14는 공급되지 않으며 불안정한 탄소14는 붕괴되어 점점 줄어들고 대신 질소14가 늘어난다. 그러므로 모원소 탄소14와 자원소 질소14(^{14}N)의 비율을 측정하면 반감기가 몇 번 지났는지 알 수 있다. 이를 통해 이 생물이 죽은 연대를 계산할 수 있다.

그런데 이 탄소 연대 측정법도 여느 동위 원소 연대 측정 방법과 동일한 한계와 약점을 가지고 있다. 암석(화성암: 용암이 식어서 된 암석)에 대한 동위 원소 연대 측정법 때보다 훨씬 대기와의 접촉 가능성이 커 즉 고립된 시스템이 아니어서 모원소와 자원소의 출입으로 인해 시료가 오염될 수 있다. 흔히 6만 년 이상 아주 오래되었다는 고고학 유물 혹은 사체 등에서 없어야 할 탄소14가 측정되는 이유가 이런 데 있다. 어떤 이들은 이런 것을 보고 말한다.

"거봐라, 얼마 안 된 것이다."

이렇게 주장하는데 그건 맞지 않고 오염된 것이다.

우리가 어떤 대상(지구, 암석, 운석, 유물 등)의 나이를 측정할 때는 어떤 특정 방법 한두 개만을 적용하고 말하는 것이 아니다. 원래 과학자들은 매우 회의적이고 비판적이다. 누가 얼마라고 얘기한다고 해서 그대로 받아들이는 것이 아니다. 그 방법이 가지는 한계를 파악하고 또 다른 여러 가지 방법으로 측정해본다. 그래도 그게 지금으로서는 최선이라고 할 때 비로소 받아들인다.

그러니 탄소 연대 측정법이 일부 문제가 있다고 하여 그것을 맹목적으로 비판하고 무시하는 것은 옳지 않다. 이성적이고 합리적인 많은 사람이 인정하는 방법은 우리 크리스천도 인정해야 한다. 그건 믿음과 상관없다.

5. 성숙한 지구론

지질학을 수십 년 배웠고 무신론자였던 내가 크리스천이 되고 나서 큰 고민 중 하나가 성경이 말한다는 소위 6천 년의 젊은 지구(혹자는 만 년 이내)와 내가 배운 45억 년의 지구를 어떻게 이해하느냐였다. 물론 138억 년의 우주는 더욱더 큰 문제였다. 2017년 여름 내내 아파트 뒷산을 오르내리면서 이 생각에 몰두하였다. 그러나 아무리 생각해도 조화로운 해결책이 없었다. 사실 어떤 사람들이 하듯 그냥 지구 45억 년, 우주 138억 년은 다 거짓이고 모두 6천 년 선에 하나님이 만드신 거라고 할 수 있으면 정말 맘 편하고 좋겠다 싶었다.

그러나 여러 가지 자료도 찾고 책도 읽고 결정적으로 생각난 게 서울대학교(지질학과) 선배가 타 대학교수로 있는데 나랑 비슷한 처지니 답이 있을 것 같아 묻기로 했다. 난 몰랐는데 주변에서 들으니 대학 다닐 때도 아주 독실했다고 한다. 잘 되었다 싶어 물어보았다.

아마 선배도 일찍 고민을 많이 한 것 같다. 그래서 얻은 게 바로 성숙한 지구였다. 언뜻 들으면 그럴 듯도 해 보였다. 사실 지구 45억 년을 믿는 많은 크리스천이 정말로 많은 고민을 하였고 그래서 점진적 창조론, 간격 이론, 날시대 이론 등 많은 조화 이론을 만들어냈다. 물론 6천 년을 믿는 사람들에게 비성경주의자이고 제대로 된 크리스천이 아니라고 엄청 공격을 받고 있지만.

성숙 지구론은 말 그대로 처음부터 만들 때 지구를 성숙하게 했다

초기 지구의 모습 초기 지구의 모습이 어떠했는지 우리는 알 수 없다. 과학에서 말하는 초기 지구의 모습은 매우 황량하다. 그런데 성경 말씀에도 초기에 땅이 혼돈하고 공허하며 흑암이 깊음 위에 있었다고 기술하였다. <그림: NASA>

는 것이다. 즉 처음부터 완전한 기능(fully functional)을 할 수 있도록 완비된 상태로 창조되었다는 뜻이다. 이런 사례는 쉽게 성경에서 찾을 수 있어 상당히 그럴듯해 보인다. 아담과 하와를 생각해 보면 하나님께서 이들을 창조하실 때 성인으로 창조를 하셨다. 태어나자마자 서로 말을 할 수 있었고 동침하여 임신할 수 있는 어른이었다. 갓난아이로 창조되었다면 세상을 정복하고 다스리기는 커녕 스스로 생존하는 것도 불가능했을 것이다. 즉 처음부터 사람 구실을 할 수 있게 창조되었다.

그런데 이들의 나이를 물어보면 몇 살이라고 할까?

분명 겉모습은 나이 많은 어른인데 실제 나이는 한두 살에 불과하다. 이거다. 지구가 실제로는 창조된 지 얼마 안 되어 아주 젊은데 겉모습은 아주 많이 나이 들어 보인다는 것이다. 창조하시면서 사람이 살 수 있도록 대륙, 해양 등을 완비하였고 나무도, 식물도 만들었다. 에덴동산에는 만들자마자 열매가 있는 선악과나무가 있었다.

아담과 하와는 다른 과일도 따 먹었을 것이다. 다른 생물들도 갓난

아기가 아니라 어른으로 창조했다. 그러니 지구도 바로 사용할 수 있도록 모든 기능이 완비된 어른으로 창조했을 것이고 그래서 우리는 당연히 지구가 오래된 것으로 측정할 수밖에 없다는 것이다. 어떤 이는 이것을 지구가 고생을 많이 해서 나이가 많이 들어 보인다고 비유하기도 한다. 사람 중에도 고생을 많이 하면 실제 나이와 달리 겉모습이 매우 나이 들어 보이는 것처럼.

이렇게 소위 6천 년과 과학자의 지구 나이의 조화를 시도하였는데 그래도 뭔가 시원하지가 않다.

신실하신 하나님께서 왜 지구의 나이가 실제로는 매우 작은데 굳이 많은 것처럼 꾸밀 필요가 있으실까?

성경과 자연은 모두 하나님의 계시인데 이것을 모순되게 하였을 리가 없다. 성경과 자연에 잘못이 없으므로 결국 사람의 해석이 틀린 것이다. 둘 중의 하나가 될 것이다. 우리가 성경을 잘못 해석했거나 혹은 자연을 잘못 해석하였거나.

지구가 사람처럼 말을 할 수 있다면 몇 살인지 물어보면 얼마나 좋겠는가?

금방 알 수 있을 텐데. 이런 논란이 없을 텐데. 사실 나는 지질학자로서 과학자들이 주장하는 45억 년을 잠정적으로 믿는다. 왜냐하면, 이들 모두가 하나님을 부인하려고 일부러 거짓을 말할 리가 없기 때문이다. 내가 그렇듯이.

그럼 선한 이들을 모두 틀렸다고 주장하는 소수의 사람이 옳다고 믿어야 하나?

물론 그럴 가능성도 있다. 과거에 다수가 믿었던 천동설이 틀렸고 극히 소수가 주장한 지동설이 이제는 맞는 사례를 보면. 그런데 6천 년을 주장하는 사람들이 제시한 젊은 지구의 과학적 증거들은 대체로 부실하며 또 45억 년이 틀렸다고 반증하는 자료들도 크리스천으로서 내가 보아도 취약하기는 마찬가지다.

　이제쯤 솔직해져야겠다. 마치 지구의 나이 문제를 명쾌하게 해결할 모양으로 시작했는데 결국은 다시 모호함으로 귀결되었다. 다시 잠정적으로 말한다. 나는 지질학자로서 크리스천으로서 45억 년을 믿는다. 당연히 성경도 믿는다. 성경이 지구 나이 6천 년을 말한다고 생각해 본 적이 없기에. 그런데 이젠 나에게 이게 별로 중요하지 않다.

　믿음에 지구 나이 45억 년과 6천 년이 문제가 되는 것일까?

　주님이 뜻하신 바를 헤아리기 어렵다면 그냥 모른 채 내버려 두어도 좋을 것이다.

　억지로 뜯어 맞출 필요가 있을까?

　과학이 할 일과 믿음이 가는 일을 꼭 일치시킬 필요가 있나?

노아 홍수

지구의 나이 6천 년을 믿는 사람들이 가장 흥미롭게 다루는 주제가 비로 노아의 홍수이다. 단순히 노아의 홍수가 실재한 사건이라고 주장하는 게 다가 아니라 이 홍수로 지구의 지표면이 모두 형성되었고 또 그때 대부분 화석이 만들어졌고 또 그 사건의 가장 대표적인 증거가 세계적으로 유명한 그랜드 캐년이라고 한다.

2015년 안식년 때 아들과 콜로라도 볼더 집을 떠나 유타의 자이언 캐년, 네바다의 라스베가스, 후버댐 그리고 아리조나의 그랜드 캐년을 자동차로 여행한 적이 있다. 그때는 내가 크리스천이 아닐 때였는데 그랜드 캐년의 웅장함은 정말 말로 다 하기 힘들었다. 나는 고소공포증이 있어 U자형 유리 다리를 아들이 용감하게 걷는 것을 바라보기만 했다. 그런데 크리스천이 된 지금 그랜드 캐년을 다시 가도 그게 노아 홍수 때 만들어진 거로 생각할 것 같지는 않다.

크리스천은 노아의 홍수 사건(창 7~10장)을 너무나 잘 알고 있다. 하나님께서 사람의 죄악이 세상에 가득하고 모든 계획이 악하므로

그랜드 캐년 2015년 11월에 방문한 그랜드 캐년. 감히 상상하기도 힘들 정도로 크고 웅장하였다. 그러나 이것이 노아의 홍수 때 만들어진 거라고 믿기지는 않는다.

사람 지으셨음을 한탄하사 지면에서 쓸어버리시려고 사십 주야를 비를 내린 사건이다. 이 사건으로 지면에 있는 숨쉬는 생명체는 다 죽어버렸다. 오로지 노아의 여덟 가족과 방주에 탄 생물들만 살아남았다. 크리스천은 정말로 노아 홍수가 있었다고 믿으므로 이것의 증거가 있다면 매우 기뻐할 것이다. 또 그 증거를 직접 눈으로 본다면 더 크게 감동할 것이다.

1. 궁창의 물

나는 지질학자로서 기상에 대해서도 조금은 알고 있다. 아무리 40일 동안 비가 퍼붓는다 해도 온 천하가 다 덮일 것 같지는 않다. 40일 동안 폭우가 오면 아마도 한 도시 혹은 한 지방은 물바다로 만들 것이다.

에베레스트산 에베레스트산은 노아 홍수 때 잠겼을까 아니면 이 산은 노아 홍수 후에 만들어진 것일까? 이들 산에서 나오는 바다 생물 화석은 노아의 홍수를 증거하는 것일까? <사진: 위키미디어 커먼스>

그래 보았자 그게 몇 미터나 되겠는가?

우리나라 연평균 강수량 1,280mm(세계 평균 973mm)가 40일 동안에 왔다고 해보자. 물이 강으로 안 빠져나가고 또 땅속으로 안 들어가고 평평한 지표면에 차곡차곡 쌓인다고 하여도 1.28m에 불과하다. 지표면이 평평하지도 않고 또 비가 균등하게 분포하는 게 아니므로 어떤 곳은 엄청나게 물이 높게 쌓일 것이다. 그래서 100배(128m)쯤 쌓였다고 해도 천하의 높은 산이 다 잠길 수는 없다(15큐빗 = 약 8m). (지금의 산과는 달랐겠지만) 에베레스트산 높이 8,844m를 생각해 보면 복잡한 계산을 안 하더라도 이건 좀 이해하기가 힘들다. 아마 63빌딩(지상 249m) 그리고 롯데월드타워(지상 555m)는 전부는 아니더라도 일부는 잠길 것이다. 또 만조 시에는 특정 지역의 수위는 조금 더 올라갈 것이다.

어떤 사람들은 노아 홍수 때 온 지구를 덮을 만큼의 비가 가능했

서부 태평양 바다 심해(문어) 미국 서부 태평양 바다 약 2km 깊이의 모습. 햇빛이 전혀 들지 않는다. 오레곤대학교의 연구진이 심해 로봇을 이용해 찍었다. 이런 심연에 문어가 사는 게 신기하다. <사진: RSNOOI>

던 것은 궁창에 두꺼운 물층(water canopy) 혹은 수증기층(water vapor canopy)이 있어서였다고 말하기도 한다. 이 얘기는 창세기 1장에 궁창 아래의 물과 궁창 위의 물로 나뉘신 것과 조화된 해석으로 보인다. 에덴동산에서 죄를 짓기 전에 아담과 하와가 옷을 입지 않고도 문제가 없었던 것은 이 물층의 온실 효과로 인해 지구가 전체적으로 매우 온난했기 때문으로 보기도 한다. 또 물층 때문에 추위와 더위가 없었고 해로운 자외선을 막아주어 수명도 길었다는 해석도 성경과 조화로워 보인다.

그런데 이게 액체의 물층으로 있기는 어려웠을 것으로 보인다. 두께로는 약 13km 정도여야 하는데 우선 대기 밀도(해수면에서 $1.2kg/m^3$) 때문에 무거운 액체($1000kg/m^3$)로는 공중에 떠 있을 수 없다. 그리고 물층이 이렇게 두꺼웠으면 아마 햇빛이 거의 투과를 못하여 지구는 깜깜했을 것이다. 바다를 생각해 보면 수면 아래 200m만 내려가도 깜깜하고 1,000m 내려가면 칠흑 같은 어둠이다. 아마 아담과 하와 그리고 홍수 전 노아의 가족과 같이 살았던 사람들은 너무 어두워 서로의 얼굴을 알아볼 수 없었을 것이다.

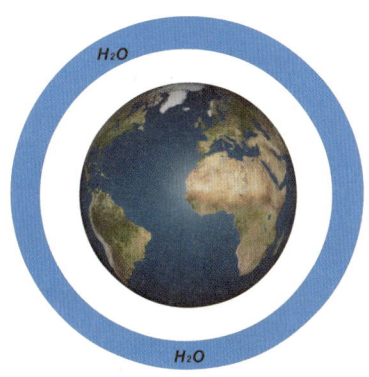

두꺼운 물층 노아 홍수 전에 두꺼운 물층이 궁창 위에 있었다고 보기도 한다. 욥기 26:8, "물을 빽빽한 구름에 싸시나 그 밑의 구름이 찢어지지 아니하느니라."

액체 물층이 아니라 수증기층이라고 하여도 이해하기가 힘들다. 물층보다 약 천배나 두꺼워야 할 것이며 이것을 지구 중력이 다 잡아두기도 힘들고 아울러 창세 이후 노아 홍수까지 오랫동안 이 수증기층이 유지되기도 힘들다. 또 이 수증기층이 응결하여 비가 되면서 방출되는 잠열(latent heat)로 지구는 그야말로 통구이가 되었을 것이다. 물론 이렇게 현대 과학으로 이해하려는 시도는 어떠한 일도 할 수 있는 하나님의 능력을 생각한다면 의미 없는 일이기는 하지만.

2. 깊음의 샘

한편 나는 지질학자로서 "하늘의 창문들이 열려 사십 주야를 비가 땅에 쏟아졌더라" 보다 그 앞에 나오는 "큰 깊음의 샘들이 터지며"가 더 눈에 들어왔다. 일반인들은 홍수라고 그러면 비를 먼저 떠올리지만, 지질학자로서 나는 노아의 홍수의 가능 여부는 40일간의 비가 아니라 깊음의 샘들이 터진 현상에 주목하였다. 당연히 우리가 글을

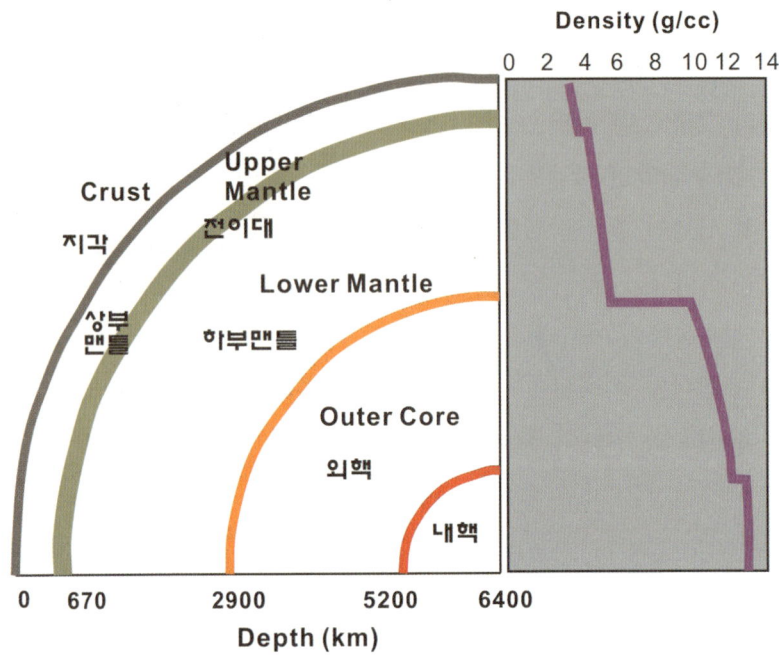

지구의 내부 지구 내부는 내핵, 외핵, 맨틀과 지각 등 여러 층으로 구성되어 있고 구성 물질, 밀도 그리고 온도 등이 다르다.

쓸 때도 그냥 막 쓰는 게 아니고 우선순위가 있다. 즉 앞에 나오는 것이 더 중요한 것이다. 비는 40일 내렸지만 깊음의 샘들은 150일 동안 물을 공급하였다.

그런데 깊음의 샘은 도대체 무엇인가?

이것을 이해하려면 지구의 구조와 운동을 좀 알아야 한다. 요즘은 일반인들도 중고등학교에서 지구과학을 배우기 때문에 이것이 무엇인지 어렴풋이 상상하기가 어렵지는 않다. 지질학자들이 연구한 결과 지구는 몇 개의 층으로 되어 있다. 지구의 반경은 약 6,400km인데 제일 안쪽 (5,200~6,400km)에는 내핵(inner core)이 있다. 이 내핵은 철과 니켈로 구성된 고체이며 온도는 4,000~4,500℃ 정도로 추정된다. 그 바깥에 외핵

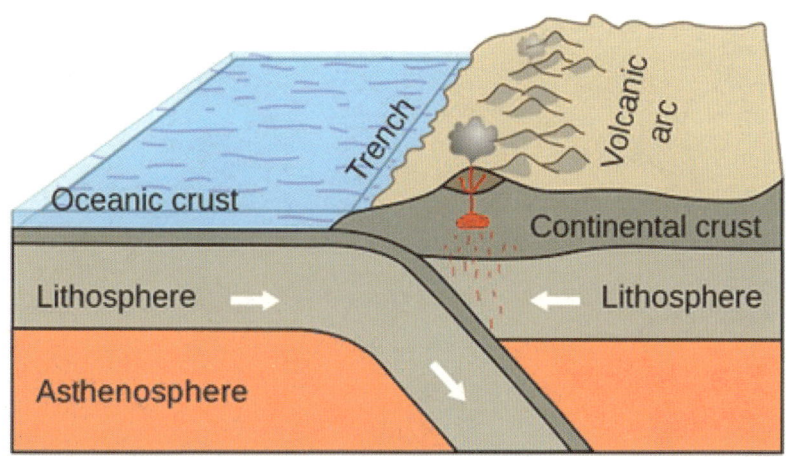

맨틀의 연약권 상부 맨틀에 있는 연약권(Asthenosphere)은 부분 용융으로 점성이 있는데 그 위의 암석권이 움직이면서 여러 지질 현상을 유발한다. <그림: 위키미디어 커먼스>

(outer core)이 있는데 액체 금속으로 구성되며(2,900~5,200km) 지구 자전에 따라 대류가 발생하고 이로 인해 지구 자기장이 형성되어 우주의 방사선과 태양풍으로부터 지구를 보호한다.

외핵 바깥에 있는 것이 지구에서 가장 큰 부피(80%)를 차지하는 맨틀(30~2,900km)이다. 맨틀은 상부 맨틀, 전이층과 하부 맨틀로 나뉘며 온도는 1,000~3,000℃ 정도이다. 맨틀은 고체이지만 약간의 유동성이 있어 천천히 움직이며 맨틀 상부는 일부 용융 상태로 유동성이 크다. 이 맨틀의 상부에 바로 지각이 있다. 해양과 대륙이 좀 다른데 해양 지각은 좀 무거운 현무암질 암석으로 되어 있고 두께는 평균 15km 정도이고 대륙지각은 상대적으로 가벼운 화강암질 암석으로 되어 있고 두께는 대략 35km 정도이다.

그런데 지각과 최상부 맨틀을 합한 약 100km를 딱딱한 암석권(lithosphere)이라고 한다. 그 아래에 연약권(asthenosphere)이라고

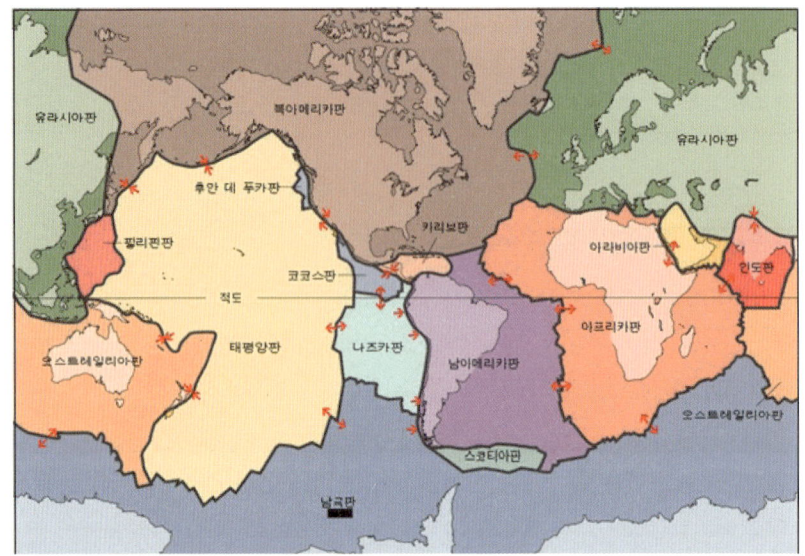

지구 표면의 판 지구 표면은 14개의 크고 작은 판(암석권)으로 이루어져 있으며 이들의 상대적 이동 때문에 산맥의 형성, 지진, 화산 등의 지질 현상이 발생한다. <그림: 위키미디어 커먼스>

하는 약하고 점성(끈적끈적한 성질)과 연성(늘어나는 성질)이 있는 층(100~200km 깊이)이 있는데 이 층의 일부는 용융되어(고체가 가열되어 액체가 되는 현상) 녹아 있다. 암석권은 연약권 위에서 움직이면서 지각에 다양한 지질 현상, 예를 들어 화산, 지진, 조산 운동, 습곡 산맥 등을 일으킨다.

지구상에는 이런 암석권이 다수 있으며 흔히 판(plate)이라고 불리는데 6개의 주요 판(유라시아판, 아프리카판, 북아메리카판, 남아메리카판, 인도-호주판, 남극판)과 8개의 소형 판(필리핀판 등)이 연약권 위에서 서로 다른 방향으로 움직인다. 서로 다른 판들이 모이는 부분(수렴 경계)에서는, 즉 두 판이 충돌하거나 혹은 한 판이 다른 판 아래로 침강하는 경우에는 습곡 산맥이 만들어지거나(조산 운동) 혹은

6장 노아 홍수 165

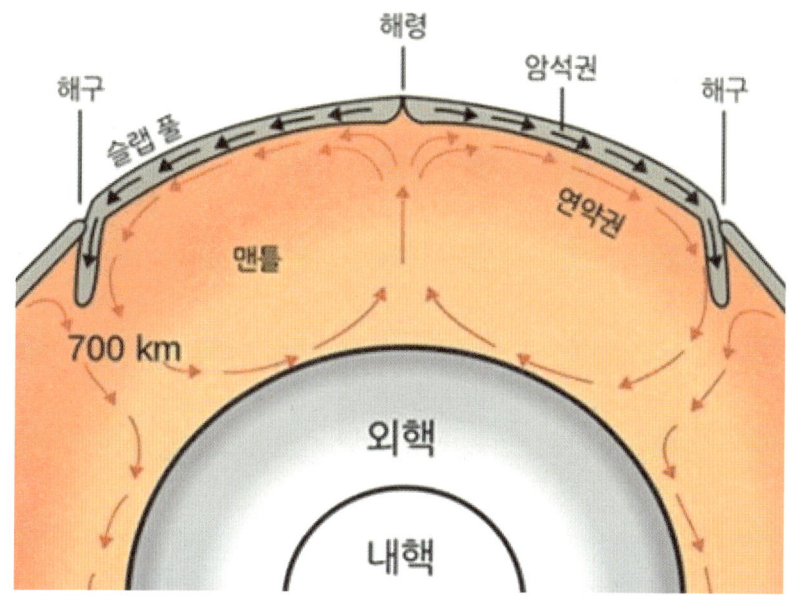

맨틀 대류 처음에는 대륙 이동설과 해저 확장설의 근원적 기작을 이해하지 못하였으나 이제는 맨틀 대류를 주요 원인으로 이해하고 있다. <그림: 위키미디어 커먼스>

해구가 생기며 그에 따라 화산과 지진이 발생한다.

또 판이 서로 멀어지는 경우(발산 경계, 대표적인 곳은 북대서양 중앙 해령)에도 땅이 벌어지면서 새로운 지각이 만들어지고 또 화산 등이 발생한다. 특별히 태평양의 이런 판 경계부에서 화산, 지진이 자주 발생한다고 하여 그 분포 모양을 보고 불의 고리(ring of fire)라고도 한다.

20세기 들어 대륙 이동(표이)설과 해저 확장설이 과학 이론으로 인정을 받기 시작하였으나 그 원동력이 무엇인지 혹은 판의 이동이 발생하는 기작(이유)을 알지 못하였다. 딱딱한 고체의 암석판이 고체의 지구 내부 위를 움직인다는 것이 상식적으로도 이해가 되지 않는 일이었다.

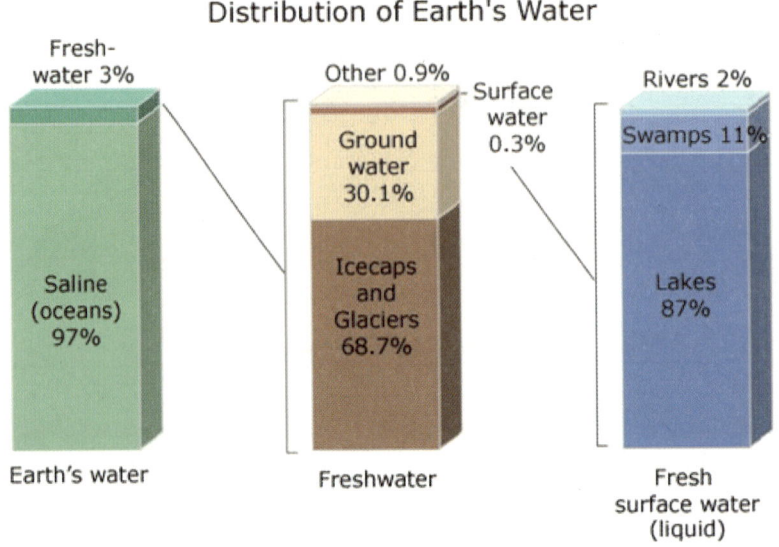

지구의 물 지구상 물의 대부분은 바닷물이고 담수는 2.5%에 불과하다. 그중에서 1.7%는 빙하이고 0.7%는 지하수, 그리고 0.03%가 지표수이다. <그림: 위키미디어 커먼즈>

그러나 해저에 관한 탐사가 발전하고 지진파 연구를 통해 지구의 내부 구조가 알려지면서 맨틀 대류를 그 원인으로 인정하게 되었다. 맨틀은 핵에서 오는 지구 초기의 고온의 에너지와 방사성 물질 붕괴열로 인해 온도가 매우 높은데 하부가 상부보다 온도가 매우 높아 대류 현상이 발생한다(그렇지만 우리의 생각과 달리 매우 느린 흐름). 해령에서는 마그마의 상승 흐름이 그리고 해구에서는 하강 흐름이 발생한다.

최근에는 이런 순환하는 맨틀 흐름을 플룸(plume)이라 하여 판 구조론 대신 플룸 구조론이라고 하는 진보된 이론을 내놓기도 하였다. 이런 지구 내부의 운동으로 지표에 여러 가지 현상을 유발하는데 앞서 말한 바와 같이 산(맥)이 만들어지는 조산 운동, 해저 지각의

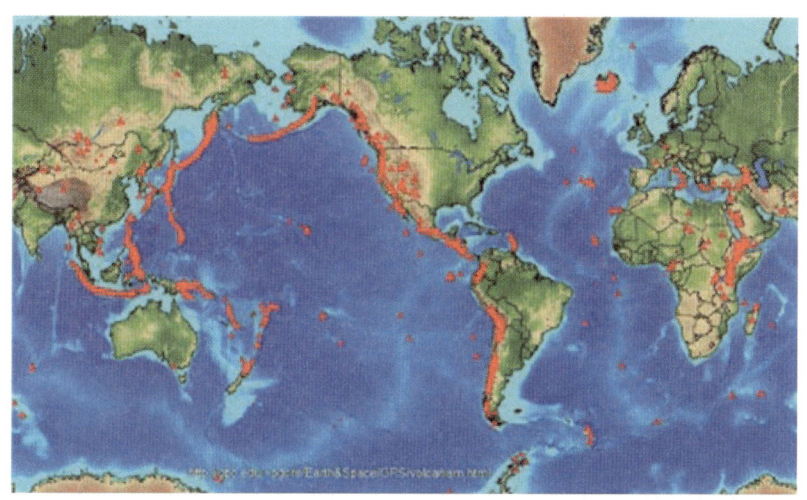

활화산 분포 전 세계 활화산의 분포. 이들이 한꺼번에 분화(폭발)한다면 어마어마한 양의 화산 쇄설물과 물(수증기)이 분출될 수 있다. <그림: 구글>

생성, 화산 및 지진 등이다.

이제 깊음의 샘으로 돌아가 보자.

> 그 날에 큰 깊음의 샘들이 터지며 창 7:11
>
> on that day all the springs of the great deep burst forth Gen. 7:11, NIV
>
> the same day were all the fountains of the great deep broken up Gen. 7:11, KJV

하나 주목할 것은 개역 개정에는 잘 드러나지 않지만 NIV와 KJV 에는 모든(all)이라는 말이 있다. 즉 어느 한두 개가 아니라 지구 상의 모든 깊음의 샘이 터진 것이다.

그런데 영어의 'spring'(혹은 fountain) 이러면 우리말로 샘(분수)으로 그리고 '물이 땅에서 솟아 나오는 곳'으로 해석한다. 대체로 샘은

화산 이류 1983년 인도네시아 화산 폭발로 인한 화산 이류에 의해 덮혀버린 가옥들.
<사진: 미국지질조사소(USGS)>

육지의 물을 의미하므로 혹자는 이것을 육지의 지하수가 터진 것으로 해석하기도 한다. 물론 지하수도 한몫을 했을 수 있다. 그러나 전체 지구 물에서 0.7%인 지하수(충적/암반 지하수)의 영향은 제한적일 수 있으며 사실 이런 현상은 현실에서 보기도 쉽지 않다.

그럼 엄청난 규모의 홍수가 날 만큼의 물에 기여할 것은 또 무엇이 있을까?

깊음의 샘을 화산으로 생각해 볼 수 있다. 화산은 육지에도 있고 바다 아래에도 무수히 많다. 화산은 맨틀에서 암석이 용융되어 만들어진 마그마(용암)가 마그마 저장소에 있다가 지각의 갈라진 부분이나 약한 틈을 타고 상승하여 지표 밖으로 분출하게 되는 곳을 말한다. 화산이 폭발하면 엄청난 양의 화산 가스(기체), 화산 쇄설물(고체), 그리고 용암(액체)이 분출되는데 특히 화산 가스 대부분은

6장 노아 홍수 169

일본 동북 지방 쓰나미 2011년 3월 11일 일본 동북 지방 해저 규모 9.0의 지진으로 발생한 쓰나미로 인해 바다 인근 마을은 초토화되었다. <사진: 구글>

수증기(70~90%)이다.

  우리는 흔히 화산 폭발하면 용암과 화산재를 주로 떠올리는데 사실 화산 쇄설물과 물(비)이 혼합된 화산 이류(volcanic mudflow)의 피해도 엄청나다. 화산재와 물이 떡이 되어 엄청난 속도로 흘러내리면서 온 지면을 덮어버린다. 바다 아래 해저 화산에서 뿜어져 나오는 용암과 수증기의 양도 대단했을 것으로 보인다.

  이때 발생한 쓰나미의 높이가 최대 38m에 이르렀다고 한다. 하나의 지진으로 이러하다면 수많은 해저 지진이 동시다발적으로 전 세계 해양에서 발생한다면 상상할 수 없는 높이의 쓰나미가 발생할 수 있다.

  그리고 보니 깊음의 샘이 터졌다는 것은 지하수의 분출이라기보다 지진과 쓰나미가 동반된 화산 활동으로 이해하면 보다 그럴듯해

아르헨티나 모레노 빙하 빙하는 물이 얼어서 된 것이 아니라 눈이 얼어서 된 것으로 최근 지구 온난화로 녹으면서 해수면 상승을 초래하고 있다. <사진: 구글>

보인다. 이런 식으로 온 지면의 혼동 속에 하늘에서 폭우가 쏟아진다면 하나님의 진노를 보이기에 가장 완벽한 공포였을 것이다. 단순히 내린 비의 양으로 생각하면 세상의 산을 덮기는 어려웠을 것이다.

3. 그 많은 물은 어디로 갔나?

앞에서 노아의 홍수 때 그 많은 물이 어디에서 왔나 하는 게 관심이었다면, 그 많은 물이 어디로 갔나 하는 것도 또 다른 궁금증이다. 창세기 8:1~3에 "하나님이 바람을 땅 위에 불게 하시매 물이 줄어들었고 깊음의 샘과 하늘의 창문이 닫히고 하늘에서 비가 그치매 물이 땅에서 물러가고"라고 쓰고 있다.

바람이 불었다는 것은 두 가지의 효과를 생각할 수 있다. 하나는 바람이 불어 물의 증발을 가속한 것이다. 증발한 수증기는 비산한 화산재 등으로 인해 햇빛이 잘 들어오지 않아 낮아진 온도 때문에 눈의 형태로 육지에 내릴 것이고 이것들은 빙하의 형태로 보존될 수 있다. 화산 폭발은 지구의 온도를 크게 낮출 수 있다.

1815년 인도네시아 탐보라 화산이 분화하였는데 북반구 기온이 급강하였고 지구 평균 기온을 1도나 낮추었다. 분화 다음 해는 전 세계 여름이 없었던 해로 기록되었고 미국은 눈 폭풍이, 캐나다는 눈이 30cm 이상 쌓였고 추위는 여름에도 계속되어 강과 호수가 얼어 있었다. 지구 상에는 수차례의 빙하기가 있었다.

다른 하나는 바람이 불어 바다로 물을 쫓아내는 것이다. 시편 104:6~8에 "옷으로 덮음 같이 주께서 땅을 깊은 바다로 덮으시매 물이 산들 위로 솟아올랐으나 주께서 꾸짖으시니 물은 도망하여 주의 우렛소리로 말미암아 빨리 가며 주께서 그들을 위하여 정하여 주신 곳으로 흘러갔고 산은 오르고 골짜기는 내려갔나이다"라고 기술하고 있다. 마지막 구절은 지질학적인 조산(산/산맥이 만들어지는 과정) 운동으로 볼 수 있다. 홍수 당시에는 육지나 바다나 모두 물 아래 잠겨 있었기 때문에 특별히 물이 물러날 곳이 없었다. 그런데 조산 운동이 일어나 땅의 어디는 높아지고 어디는 낮아진다면 가능하다.

그런데 지질학적으로 조산 운동은 매우 긴 시간 동안에 발생하는 것인데 이런 조산 운동이 노아 홍수와 같은 짧은 기간(약 1년)에 일어날 수 있는 것인지는 의문이다. 지질학적으로는 인도판이 5,000만 년 전 유라시아판과 충돌했다.

인도판이 계속 밀어붙이자 두 대륙의 경계부가 깨지고 밀려 올라갔고 그 결과 히말라야 산맥은 800만 년 전 지금과 같은 높은 지형이

히말라야 산맥 세계의 지붕 히말라야 산맥은 유라시아판과 인도판의 충돌로 인한 조산 운동으로 만들어졌다. <사진: 구글>

되었다고 말한다. 어떤 사람들은 빠른 판의 이동을 얘기하기도 하지만 지질학적 증거는 미흡해 보이며 만약 그랬다면 지구 표면은 더욱 파괴적 변화를 겪었을 것이다. 물론 노아 홍수가 파괴적이기는 하지만 딱딱한 땅(암석권)이 그렇게 빠르게 움직이는 것은 그와는 종류가 다른 재앙이다.

  이런 조산 운동으로 물이 바다로 물러갔다고 하여도 그 많은 물의 사라짐에 대한 추가적인 설명이 필요해 보인다. 그런데 2017년 6월에 아주 흥미로운 연구 결과가 보고되었다. 독일 바이로이트대학교 연구진은 지구 깊은 내부(맨틀 전이대: 깊이 410~660km)에 오대양 물의 양에 버금가는 물이 저장되어 있다고 주장하였다. 이 물은 우리가 생각하는 액체 상태는 아니고 다이아몬드의 일종인 첨정감람석(ringwoodite)에 수산화이온 형태로 포함되어 있다는 것이다. 이 사실

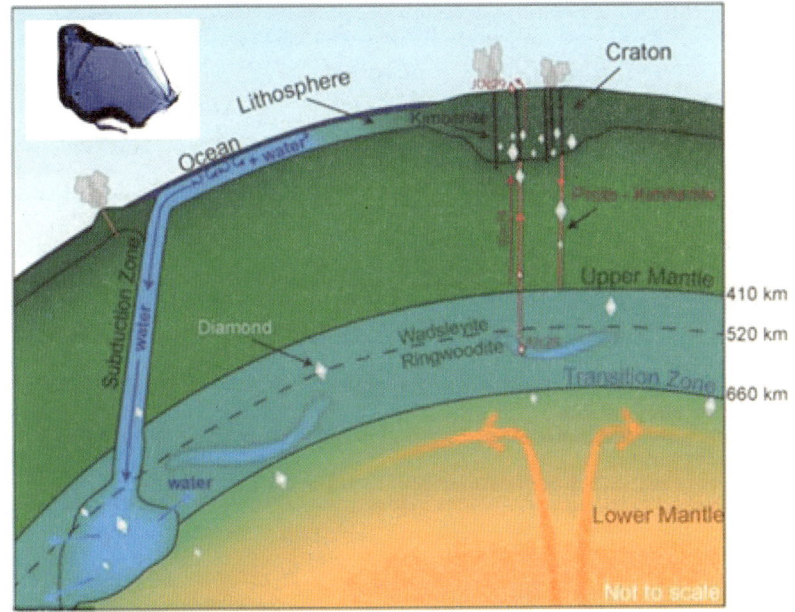

맨틀층의 물 맨틀층에 많은 물이 저장되어 있다는 과학적 주장들이 꾸준히 제기되고 있다. 이 물은 그동안 지구 물에 대한 외래 도래설에 반하는 흥미로운 과학적 주장이며 지구상 물의 순환을 설명하는 의미 있는 성과이다. <그림: 뉴사이언티스트>

은 물의 지구순환을 설명하는 하나의 학설로 의미가 있으며 노아 홍수 때 물의 근원 혹은 물러간 물의 존재에 대한 그럴듯한 설명으로도 가치가 있다.

크리스천은 노아의 홍수가 전 지구적이었다고 믿는다. 어떤 사람들은 그건 과학적으로 불가능하다면서 메소포타미아에 국한된 국지적 홍수였을 거라고 한다. 그렇다고 화를 내거나 다툴 필요는 없어 보인다. 화산, 지진, 빙하기, 그리고 맨틀의 물 등 여러 가지 것들로 종합해 보면 지구적 홍수가 가능해 보이기도 한다. 그렇다고 억지로 짜맞추는 것은 바람직해 보이지 않는다. 현재로선 무슨 구체적 증거

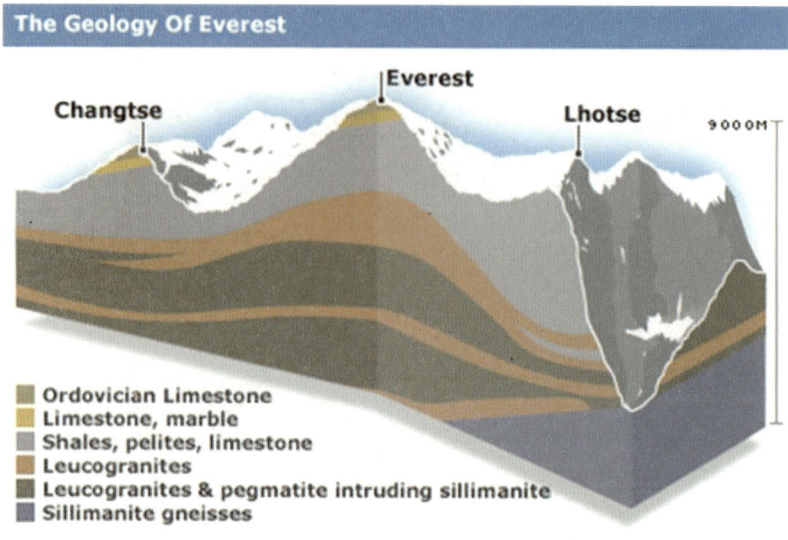

에베레스트의 지질 에베레스트산은 아래로부터 편마암, 화강암, 셰일 그리고 석회암 등으로 구성되어 있다. 퇴적암에서 자주 화석이 발견된다. <그림: BBC>

를 가지고 있는 것도 아니다. 그러나 위의 내용이 크리스천으로서 상당히 위안을 주는 것은 사실이다.

4. 에베레스트의 화석

에베레스트산의 지질은 하부로부터 편마암, 화강암, 셰일 그리고 고생대 오르도비스기(4.8억~4.4억 년 전) 석회암으로 구성되어 있다. 그런데 에베레스트산 상부 석회암(일명 옐로 밴드)에서 작은 조개 화석과 바다나리와 같은 아주 작은 해양성 무척추 동물 화석이 많이 발견된다. 석회암과 해양성 화석이 발견된다는 것은 이 지층이 과거에는 바다에 있었다는 뜻이다.

어떤 이들은 이렇게 에베레스트산에 조개 화석이 나오니 이게 바로 노아의 홍수 때 에베레스트산이 물에 잠긴 증거라고 한다. 그런데 그건 별로 올바른 해석이 아니다. 물에 잠긴 기간이 얼마 되지 않아 그 사이에 조개가 그 높은 곳에 적응하여 서식하는 것은 어려우며 바다에서 이동하는 것도 불가능하다. 또한, 그 위치는 노아 홍수 시 바닷물과 빗물 담수가 혼합되는 곳으로 바닷조개가 서식하기에 적정한 염도를 맞추지도 못하였을 것이다.

지질학적으로 에베레스트산은 옛날에는 테티스해(Thetys Sea)라고 하는 바다의 밑바닥이었다. 지금부터 6,000만 년 전에 테티스해를 사이에 두고 남쪽에는 곤드와나 대륙과 북쪽에는 로라시아 대륙이 있었다. 그리고 이 바다로 두 대륙에서 많은 퇴적물이 운반되어 해저에 쌓였다. 이후 곤드와나 대륙(정확히는 여기서 떨어져 나온 인도 아대륙)과 로라시아 대륙은 충돌하게 되었고, 양 대륙 사이에 있었던 테티스해의 해저가 솟아올라 이로 인해 5,000만 년 전 에베레스트가 형성되었다. 그러므로 지금 발견되는 조개 화석은 당시 해저에 살던 화석이다. 물론 어떤 크리스천들은 이런 조산 운동을 노아 홍수 때 발생한 것으로 보기도 하지만 지질학적 증거는 없다.

우리는 굳이 에베레스트산을 노아 홍수 때 생긴 것이라고 고집할 필요는 없다. 노아 홍수는 있었다. 그러나 그게 언제였는지는 사실 잘 알지 못한다. 에베레스트산이 노아 홍수 때 생기지 않았다고 하나님의 창조가 부인되는 것이 아니니 노심초사할 필요는 없다. 흥미로운 것은 여전히 에베레스트는 지금도 매년 조금씩 상승하고 있다. 조산 운동이 끝난 것이 아니다. 천천히 발생하는 지질학적 작용의 살아 있는 대표적인 예라고 할 수 있다.

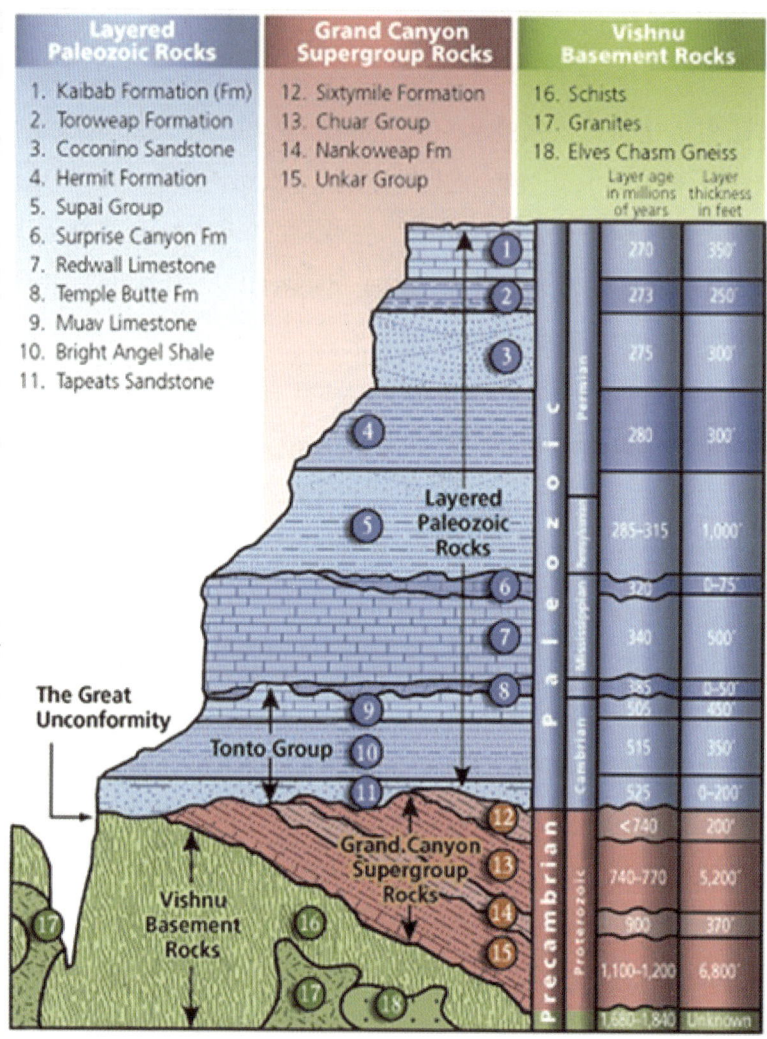

그랜드 캐년의 지질 그랜드 캐년에는 18억 년 된 기반암부터 2.7억 년 된 석회암 등 다양한 암상이 나타난다. <그림: 구글>

5. 그랜드 캐년

나도 아들과 함께 그랜드 캐년을 가보았지만 말 그대로 장관이다. 사진이 눈의 감동을 담지 못하는 게 아쉽다. 어떤 때는 사람이 대단하다고 하나 이런 것을 보고 나면 인간이 얼마나 작은지 알게 된다. 자연의 웅장함에 말문이 막힌다. 스카이워크는 차마 걷지 못하고 간이 콩알만 해져서 웃으며 놀려대는 아들을 그저 바라만 보았다. 애리조나의 이런 고원에 저런 웅장한 지형이 있는 게 믿기지 않는다. 솔직히 지질학자들은 어디를 가도 직업병이 발동한다.

아! 이런 지형은 언제 어떻게 해서 만들어졌는지 혹은 어떤 암석으로 구성되어 있는지? 매우 궁금해한다.

그랜드 캐년은 계곡 깊이가 1,600m에 이르며 너비는 좁게는 180m에서 넓게는 30km에 이르며 그 면적은 약 4,930km^{2}에 달한다. 이 협곡을 만든 콜로라도강이 약 443km나 굽이치고 있다. 미국 국립 공원 중 가장 규모가 크고 웅장한데 연간 방문객만 해도 600만 명 이상이다.

그랜드 캐년의 지층을 살펴보면 가장 아래에 선캄브리아기의 결정질 변성암이 있고 그 위에는 고생대의 여러 퇴적암(사암, 셰일, 석회암 등) 지층이 나타난다. 이 퇴적암들에서 매우 다양한 화석이 발견되며 이 지층들이 매우 오래되었음을 지시한다. 어떤 사람들은 이런 퇴적 지층들이 노아의 홍수 때 쌓인 것으로 해석한다. 또 그랜드 캐년의 엄청난 협곡은 노아 홍수가 끝난 후 동쪽과 북쪽에 있던 큰 두 호수가 붕괴되면서 순식간에(격변적으로) 협곡이 형성되었다고 한다. 그래서 적지 않은 크리스천들이 하나님의 심판 현장을 견학한다면서 이곳을 방문한다.

정말로 그랜드 캐년은 노아 홍수 때 만들어진 것일까?

우리가 무엇인가를 주장하기 위해서는 두 가지 방법론을 택할 수 있다.

첫째, 직접적 증거를 확보하고 제시하면서 자신의 주장이 맞음을 보이는 것이다.

둘째, 대립되는 두 주장이 있다면 어느 하나가 틀림을 증명함으로써 남은 다른 것이 진실임을 보이는 것이다.

첫 번째 방법은 그랜드 캐년이 노아 홍수 때 만들어졌다는 것을 직접 증명 하는 방법이다. 우선 노아의 홍수가 발생한 때를 알아낸다. 그 방법이 무엇이든. 예를 들어 누군가의 해석대로 성경이 BC 2,300년쯤(다른 해석도 많지만)을 노아 홍수 때라고 말한다고 하자.

그럼 그랜드 캐년의 나이를 알아내야 한다. 그게 어떤 과학적 방법론이 되었던. 그런데 어떤 측정 혹은 계산된 증거(나이)도 제시하지 않고 단지 그럴듯한 설명만으로 그랜드 캐년이 노아 홍수 때 만들어졌다고 주장하면 안 된다. 우리는 현상이 설명된다고 진실이 되는 것이 아니라는 것을 잘 안다. 그랜드 캐년이 호수의 급작스러운 터짐에 의해 만들어졌다고 증명이 된다고 해서 그게 노아 홍수 때라고 말할 수는 없다.

두 번째 방법은 별로 좋지는 않지만, 근본주의자들이 즐겨 사용하는 방법이다. 다른 사람 혹은 다른 이론을 막 비판하는 것이다. 내가 보기에는 제대로 된 비판이라기보단 그냥 맹목적인 비판 같아 보인다. 또 약점을 잡아 모두를 부인하는 별로 이성적이지 않은 방법이다. 예를 들어 정통지질학에서는 그랜드 캐년에 대하여 협곡 양쪽에 있는 지층은 선캄브리아기부터 중생대까지 아주 오래전의 퇴적을 그리고 캐년 자체의 형성은 비교적 짧은 5~6백만 년 전에 만들어졌다고 한다.

그런데 일부 크리스천들은 이 지층들이 노아 홍수 때 퇴적되었고 또 협곡은 홍수 직후에 만들어졌다고 주장한다. 이 주장이 무슨 연대

장강삼협의 협곡의 봉우리들 아리조나 그랜드 캐년에 못지 않은 장관을 보인다. <사진. 위키미디어 커먼스>

측정 같은 근거가 있는 것은 아니고 이런 두꺼운 평평한 지층은 엄청난 홍수에 의해서나 만들어지지 지질학자들 주장대로 천천히 만들어지는 게 아니라고 우기는 것이다.

협곡이 천천히 만들어지는 게 아니라는 것을 증명하기 위해 1980년에 발생한 세인트헬렌스산 폭발의 예를 자주 든다.

자! 보라.

화산 폭발로 인한 엄청난 화산 이류(밀도류) 혹은 저탁류로 인해 겨우 3일 동안 183m의 퇴적층이 쌓이고 또 순식간에 소위 '리틀 그랜드 캐년'이 만들어졌다.

그러므로 그랜드 캐년도 노아 홍수 때 격변적으로 만들어진 것이 틀림없다고 주장한다. 나는 이 세인트헬렌스산의 사례를 보면서 격변론이 아니라 동일 과정설을 떠올린다. 대부분의 지질 작용은 매우 느리지만 이와 같은 화산 폭발이나 화산 이류는 매우 빠른 현상이고 이런 것은 과거에도 매우 빨리 일어났을 것이다. 정확하게 동일 과정설을 대변한다.

백번 양보하여 그랜드 캐년의 퇴적층이 빠른 시간에 쌓이고 또 협곡이 순식간에 만들어졌다고 하자. 그렇다고 그게 노아 홍수 때 만들어졌다는 그 어떤 이해할 만한 증거는 없다. 크리스천으로서 나는 노아 홍수가 있었음을 믿는다. 그리고 눈으로 웅장한 그랜드 캐년의 존재를 본다. 그러나 두 개가 어떤 연관성이 있다고 보지 않는다. 사실 솔직히 말하면 알지 못한다.

지구 표면은 다양한 자연 작용 때문에 영향을 받아 끊임없이 변하고 있다. 지금도 크고 작은 홍수가 일어나 순식간에 지표면을 엄청나게 바꾸기도 한다. 허리케인은 한 마을을 순식간에 없애 버린다. 지표면에 나타난 많은 경이로운 경관들을 우리는 발견한다. 그렇다고 그것을 모두 노아 홍수와 연관시키지는 않는다. 애팔래치아 산맥의 12km 두께나 되는 퇴적층은 짧은 기간의 노아 홍수로 설명하기에 상당히 난감하다. 아주 긴 기간에 천천히 쌓여야 좀 말이 되어 보인다.

내가 가본 곳 중에서 중국 우한이라는 도시가 있다. 근처에 삽협댐(산샤댐)이 있는데 세계 최대의 수력 발전 댐이다. 그 위쪽 장강삼협(three gorges) 즉 세 개의 협곡은 정말로 장관이다. 이런 대단한 협곡은 주요 지층이 석회암으로 되어 있어 물리적 및 화학적 차별 풍화로 형성되었는데 미국의 그랜드 캐년에 못지않다. 이상한 것은 아직도 나는 이런 엄청난 장관에 대해서는 노아 홍수 때 만들어졌다고 주장하는 것은 듣지 못했다.

미국이 우리랑 더 친해서 그런가?

아니면 한국 사람들이 가보고 싶어 하는 로스앤젤레스와 라스베가스와 가까워서?

6. 딱딱한 암석이 휘어질 수 있는가?

어떤 사람은 딱딱한 암석은 부서질지언정 휘지 않는다고 말한다. 이건 일반인들이나 믿지 지질학 전문가는 그렇게 생각하지 않는다.

지질학에서 암석이 휘는 현상은 흔히 발생하며 야외에서 어렵지 않게 발견할 수 있다. 아무리 딱딱하고 견고한 철 같은 물질도 열과 압력을 가하면 엿가락처럼 쉽게 휘게 된다. 암석이라고 다르지 않다. 지구 내부의 열과 압력을 받으면 연성이 생겨서 얼마든지 휘고 늘어나고 그렇다.

어떤 이들은 이렇게 암석이 휜 것을 보고 노아 홍수 때 퇴적물이 굳기 전에 발생한 격변적인 지각 변동의 증거라고 한다. 딱딱한 암석이 되고 나서는 힘을 받으면 빠개지지 이렇게 자연스럽게 휘지 않는다고 하면서. 바로 이게 노아 홍수 때 생긴 퇴적층의 증거라고 한다. 물론 일반적으로 굳지 않고 축축한 퇴적층이 힘을 받으면 쉽게 휠 것이고 끊어지지 않을 것이다. 아마 그런 지층이 있을지도 모른다. 그렇다고 노아 홍수 때 만들어졌다는 것은 억지도 너무 나간 것이다.

퇴적층이 굳지 않은 상태에서 혹은 굳은 암석 상태에서 언제 압력을 받았느냐에 따라 드러나는 암석과 광물의 구조와 특성이 다를 것이다. 암석화 후 열과 압력으로 휘어졌다면 광물학적 특성에도 드러난다. 그러나 이런 것이 없다면 분명 굳지 않은 채 즉 암석이 되기 전에 휘어졌을 것이다. 당연히 이런 일이 가능하다. 그렇다고 해서

평평한 지층과 휜 지층 위에는 평평한 지층을 아래에는 열과 압력을 받아 휜 지층을 보여준다. <사진: 구글>

대부분의 암석 혹은 퇴적층이 빨리 만들어진다는 것의 증거가 되지는 않는다. 퇴적층이 암석화되고 나서도 압력을 받으면 휘게 되는데 그게 지나치면 단층이 생기고 그 단층이 삐끗하면 지진이 발생한다.

단층 단층은 압력에 의해 지층이 끊어져 서로 어긋나는 것이다. 추가로 압력이 가해지면 단층은 지진의 원인이 될 수 있다. <사진: 구글>

나는 그랜드 캐년의 지층과 습곡을 상세히 보거나 연구할 기회가 없었다. 그러나 이곳을 조사한 정통 지질학자들의 연구 결과와 그들의 진실성을 존중한다. 내가 지질학자로서 연구 결과에 대해 진실하려고 노력하듯이 이곳을 연구하는 그들도 마찬가지일 것이다. 그러므로 여기 나타난 지층이 빠르게 퇴적되었다거나 굳기 전에 휘어졌다거나 하는 일부 크리스천의 주장은 받아들이기 힘들다. 설명된다고 그게 진실이 되지는 않는다.

어떤 이는 현재 콜로라도강의 크기가 캐년에 비해 너무 작으므로 강이 조금씩 깎아서 오랜 기간에 걸쳐 협곡이 생긴 게 아니라 노아 홍수 때 순식간에 만들어진 거라고 한다. 그런데 이 주장은 좀 이상하다. 요새 강을 보아도 전체 강폭보다 실제 흐르는 강폭은 매우 좁다. 그러다가도 때때로 홍수가 나거나 하면 물이 전체 강을 채우고

춘천 공지천 전체 강폭보다 평상시에 흐르는 하천의 폭은 매우 작다. 이게 매우 자연스러운 것이다. <사진: 뉴시스>

또 강폭을 더 넓히기도 한다.

이런 것들이 반복되면 당연히 강폭이 넓어지고 깊이도 깊어지는 게 아닐까?

꼭 순식간에 일어나야 하나?

근데 뭔가를 주장하려면 더욱 구체적인 증거를 좀 대는 게 좋다.

나는 외국에서 열리는 학회 참석 때문에 자주 해외 여행을 간다. 그런데 그런 곳에서 웅장한 협곡이나 퇴적암을 보게 되어도 별로 격변적 생성을 생각하지 않는다. 지금은 크리스천으로서 노아 홍수는 믿지만 그렇다고 대단한 지질 구조를 본다고 노아 홍수로 해석하려고 시도하지 않는다.

이 세상 만물을 하나님께서 다 만드셨는데 굳이 멀리까지 큰돈 주고 하나님의 창조 혹은 심판 현장이라고 보러 가는 게 참 안타까운 생각이 든다. 하나님의 창조 현장은 그냥 집 뒷산에도 있다.

콜로라도 볼더(플랫아이언) 내가 살았던 콜로라도 볼더 시의 플랫아이언(flatirons)은 자갈질 사암으로 2.9억 년 전 바다에서 쌓였고 3.5천만~8천만 년 전 라라미스 조산 운동 때 융기하여 기울어진 것으로 알려진다

    신앙 핑계로 돈 좀 들여서 멀리 해외 여행을 하고 싶은 사람은 가는 것도 나쁘지는 않다. 로스앤젤레스로 가서 유니버설 스튜디오, 할리우드 거리, 다저스 구장도 보고, 비버리 힐스도 가고, 그랜드 캐년, 자이언 캐년 그리고 브라이스 캐년 등을 보면 좋다. 여유가 되면 샌프란시스코 코스와 로스앤젤레스 코스로 나누어 미국 서부 여행을 할 수 있으면 더 좋다.

    자연의 웅장함과 하나님의 권능을 즐기되 노아 홍수는 잊으라.

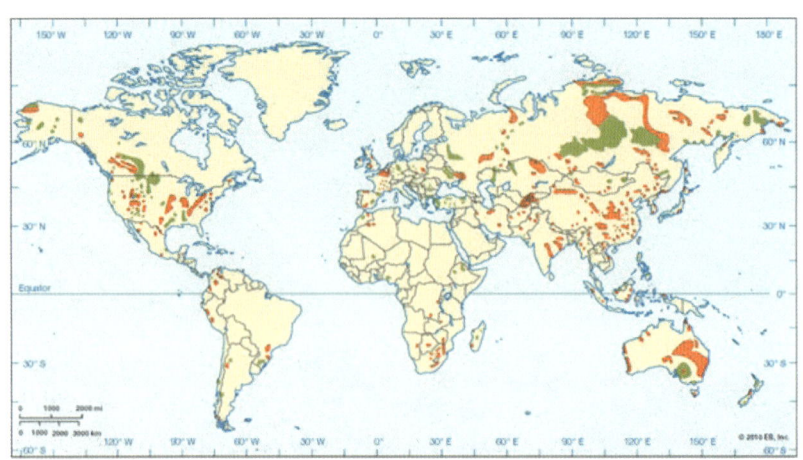

Major Coal Deposits of the World

석탄의 분포 나무의 매몰과 탄화 작용으로 만들어지는 석탄은 석유가 비교적 편재된 것과 달리 전 세계적으로 널리 분포한다. <그림: 구글>

7. 석탄의 분포

　지질학자로서 상당히 흥미로운 사실 하나는 석탄의 분포이다. 석탄은 셀룰로스와 리그닌이 주성분인데 육지의 나무가 급작스럽게 매몰, 두껍게 쌓여 탄화되어 만들어진다. 흔히 고생대 석탄기(3.6억~2.9억 년 전)부터 중생대까지 지층인데 전 세계적으로 널리 분포한다. 주로 고생대 석탄기에 번성하였던 엄청난 크기의 양치 식물의 매몰에서 유래한다. 그런데 석유는 특정한 지역에 편재되어 나오는 반면에 이런 석탄은 비교적 세계적으로 고루 분포하는데 그렇다면 세계적으로 이런 매몰 사건이 있었어야 한다는 것이다. 물론 시대적으로 차이가 나기는 하지면 고생대 석탄기 지층에 주로 나오는 것도 흥미롭다.
　세계적인 나무의 매몰 사건이 무엇일까?
　최근 세계적으로 에너지 혁명의 총아로 부상하고 있는 비전통

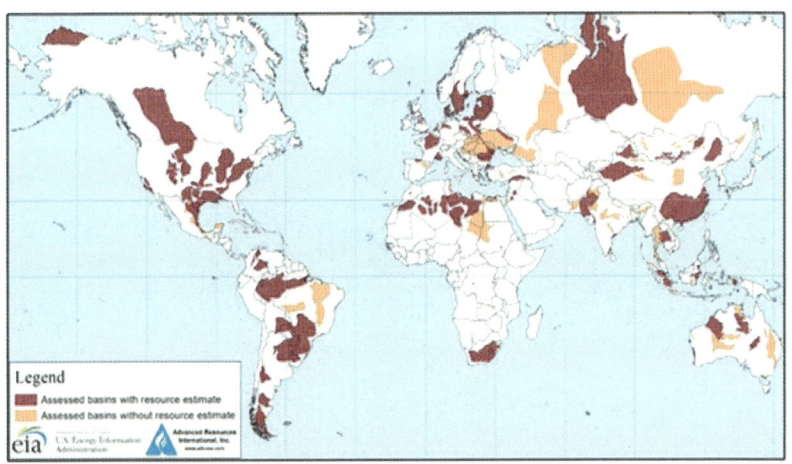

셰일 가스 분포 최근 각광을 받는 비전통 에너지 자원인 셰일 가스와 셰일 오일이 전 세계적으로 널리 분포하고 있다. <그림: 미국에너지정보청>

에너지 자원인 셰일 가스와 셰일 오일의 분포도 꽤 흥미롭다. 셰일 가스와 셰일 오일은 아주 작은 입자로 이루어진 퇴적암인 셰일 내에 천연가스와 석유를 함유한 경우를 말하는데 최근 수평 굴착(horizontal drilling) 및 수압 파쇄(hydraulic fracturing) 기술이 발전하면서 과거에는 접근할 수 없었지만, 지금은 개발할 수 있어 각광을 받고 있다.

천연가스의 주성분은 주로 메탄(CH_4)과 에탄(C_2H_6)이며 주로 바다에서 플랑크톤 등의 해양 생물의 매몰로 만들어진다. 그러므로 바다 아래에서도 급격한 매몰이 세계적으로 발생할 만한 일이 혹은 일들이 발생하였음을 시사한다.

그것이 노아 홍수라고 단정할 수는 없지만.

7장

물의 신비

> 땅이 혼돈하고 공허하며 흑암이 깊음 위에 있고 하나님의 영은 수면 위에(over the waters) 운행하시니라 창 1:2

　지구 상에 존재하는 아니 우주에 존재하는 물질 중에서 물 만큼 소중하고 신비로운 것이 없다. 그러나 우리는 일상에서 물에 대해 특별히 관심을 가지지도 못하고 또 소중함을 알지 못한다. 특히나 우리나라와 같이 비교적 강수량이 많고 수질이 좋은 나라에 사는 사람은 더욱 그러하다. 가끔은 심한 가뭄이 들면 애타는 농심을 언론을 통해 접하기는 하지만 그렇다고 도시 사람들은 딱히 마음에 와닿지는 않는다. 더군다나 다른 나라나 도시와 비교하였을 때 물값은 매우 싸서 그것을 이용하는 데 큰 불편을 겪지도 않는다.

　흥미로운 것은 하나님께서 천지를 창조하실 때 모든 동식물을 만들기도 전에 물을 먼저 만드셨다는 것이다(정확히는 만들었다기보다 물이 있었다: 창 1:2 참조). 하나님의 영이 수면 위를 운행하셨다.

지구는 물의 행성 지구 표면의 70%는 물로 덮여 있다. 사람을 포함한 생명체는 물이 없이는 살 수 없다. 물은 생명 유지의 중추이다. <그림: 구글>

이게 무슨 의미일까?

어떤 해석에 보면 운행(運行)하다는 히브리어 "라하프"는 "알을 품다"라고 하여 성령님께서 마치 지구를 감싸고 생명을 잉태하는 모습으로 보는 분들도 있다. 그런데 글자 그대로 운행을 하시든 아니면 품으시든 나의 눈에 들어오는 것은 물의 존재이다.

우리의 삶을 돌아보면 사실 제일 소중한 것은 가족이다. 그런데 나도 그렇지만 가족에게 무심하고 때로는 함부로 하는 경우도 많다. 왜냐하면, 항상 그곳에 있기에 소중한 줄을 모른다. 그러나 잃고 보면 그 아픔과 상실감은 말로 할 수 없다. 물도 마치 공기, 가족과 같은 것이다. 없으면 살 수 없다.

하나님께서 애초부터 물을 기본으로 깔아 두셨다. 물을 토대로 이 지구에 생명을 탄생시켰다. 물을 생명의 근원으로 삼으신 것이다. 현대의 과학이 말한다. 물은 생명의 근원이며 생명 유지의 중추라고.

하나님은 그 생명의 근원인 물 위를 운행하시면서 생명 창조를 계획하신 게 아닐까?

물이 생명의 근원이라는 것은 예수님의 말씀에도 잘 나타난다. 요한복음 4장에서 예수님께서 유대를 떠나 갈릴리로 가실 때 사마리아를 지나시는데 수가성에서 한 여인을 야곱의 우물가에서 만났다. 예수님은 그 여인의 처지를 아셨다. 14절에 "내가 주는 물을 마시는 자는 영원히 목마르지 아니하리니 내가 주는 물은 그 속에서 영생하도록 솟아나는 샘물이 되리라"고 하셨다.

물론 여기서 예수님께서 주는 물이 실제 물을 의미하는 게 아니라 주님을 믿고 의지하는 삶을 사는 사람에게 주는 천국 복음과 성령님의 생수(은혜)를 나타내는 것이다. 예수님이 곧 생명이기 때문에 그를 믿기만 하면 영생을 얻는 것이다. 그런 것을 물의 비유로 말씀하셨다. 물이 곧 생명이기 때문이다.

하나님은 태초부터 물에 특별한 기능과 역할을 부여하신 것을 알 수 있다. 세상에 하고많은 물질 중에서도 특별히 물을 생명의 원천으로 삼으신 것이다. 비싼 금도, 은도 혹은 다이아몬드도 아니다.

지금까지 우리는 우리 주변 천체에서 물의 흔적을 찾기 위해 엄청난 노력을 해왔다. 왜냐하면, 물이 생명의 근원이기 때문이다. 그러나 아직 어떤 곳에서도 물(액체의 물)을 찾지 못하였다. 지구에는 그야말로 흔하고 흔한 정말로 많은 물질이 물인데. 왜 지구에만 생명이 있는지 알 만하다. 물이 없으면 생명도 없다.

1. 물의 구조

물 분자는 수소(H) 2개와 한 개의 산소(O)로 되어 있으며 수소끼리는 104.5도의 각도로 공유결합을 하고 있다. 분자를 이루는 원자는 흔히 옥텟룰(Octet Rule)에 의해 최외곽 전자껍질에 전자 8개가 포진하는 것이(제일 안쪽 껍질에는 2개) 가장 안정하기 때문에 화학결합 시 이를 완성하기 위해 애를 쓴다. 산소의 경우 원자번호 8번, 전자 8개로 안쪽 껍질 2개, 최외곽은 6개의 전자가 있는데, 모자라는

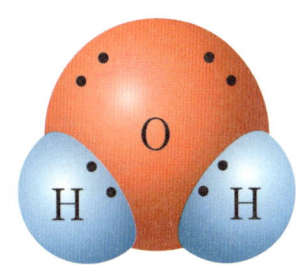

물 분자 물 분자는 2개의 수소 원자와 하나의 산소 원자가 공유결합을 하고 있으며 수소 원자끼리의 사잇각이 104.5도이다.

2개를 원자번호 1번, 전자 1개의 수소 2개와 공유를 함으로써 전자 8개 배치를 완성한다. 수소도 산소의 전자 1개를 공유함으로써 2개 전자 배치를 완성하여 안정된 구조를 이룬다.

이 경우 2개의 비공유 전자쌍과 2개의 공유 전자쌍이 생기는데 이들 사이에는 반발력이 있다. 비공유 전자쌍끼리의 반발력이 크고 공유 전자쌍끼리의 반발력이 작다. 그 결과 물 분자는 산소를 가운데 두고 직선의 배열이 아닌 104.5°의 ㅅ 형태를 가지게 되었다.

그런데 물 분자는 하나로 떨어져 존재하는 것이 아니라 마치 포도송이와 같이 덩어리져 있다. 이때 전기음성도가 강한 산소 원자와 다른 물 분자의 수소 원자가 정전기적 인력으로 결합 되는데 이것을 수소결합이라고 한다. 이 수소결합은 분자량이 비슷한 다른 분자에 비해 결합력이 강해서 녹는점과 끓는점이 높고 기화열과 융해열도 크다. 즉 물 분자를 끊으려면 에너지가 많이 필요하다. 흥미로운 것은

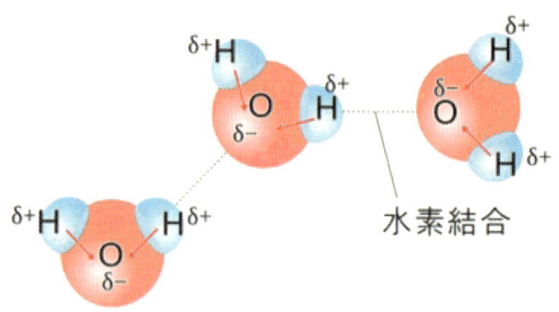

수소결합 전기음성도가 큰 산소 원자와 양전하를 띠는 수소 원자가 수소결합을 하고 있다. <그림: 위키미디어 커먼즈>

물은 지구상 물질 중에 삼상(고체, 액체, 기체)이 자연에서 나타나는 유일한 물질이다.

물 분자의 산소 원자는 약한 음전하를 띠며, 이에 비해 양쪽의 수소 원자는 약한 양전하를 띤다. 결국, 물은 전기적으로 쌍극자 모멘트(dipole moment)를 갖는 극성 분자이다. 물은 유동성이 매우 큰 거의 만능의 용제(매)이다. 극성물질인 물은 이온화되는 물질(소금)이나 극성(설탕, 에탄올, 암모니아, DNA, RNA, 탄수화물, 단백질)이 있는 물질은 모두 녹일 수 있다. 이는 극성물질은 극성물질을 무극성은 무극성 물질을 잘 녹이기 때문이다. 무극성인 기름은 기름으로 닦는 것도 그런 이유이다. 이런 성질 덕분에 물은 몸에 필요한 여러 영양소, 약 등을 녹여서 전달할 수 있다.

용매로서 물은 완전 열일을 한다. 물로 온갖 종류의 더러움을 청소(설거지, 세자, 변기 플러싱) 하고 빨래도 하고. 또 물에 수많은 것을 녹여서 음료로 마신다.

그런데 왜 하필 물로 세례를 할까?

사막의 선인장 메마른 사막의 선인장도 거의 대부분 물로 되어 있다. 물을 잃으면 죽기 때문에 증발을 최소화하는 구조로 되어 있다. <사진: 위키미디어 커먼스>

2. 물과 인체

무생물이 아닌 모든 생명체는 거의 물로 되어 있다. 겉으로 보기에는 물 아닌 물질이 좀 되어 보이지만 탈수기에 넣어 물 쏙 빼고 나면 남는 건더기는 얼마 안 된다. 물 많은 과일(바나나[74%], 수박[92%], 사과[84%], 배[85%] 등)은 말할 것도 없고 별로 그래 보이지 않는 동식물도 별반 다를 바 없다. 즉 모든 생물은 정도의 차이는 있지만, 그냥 물 그 자체라 보아도 크게 틀리지는 않는다. 물이 적은 생물이라고 하여도 물이 빠지고 나면 죽음을 의미한다. 정말로 물이 없는 곳이 사막인데 그 사막의 선인장도 알고 보면 90~94%가 물이다.

흥미로운 것은 세상에 거의 모든 것이 대체재가 있는데 물은 대체재가 없다. 석유가 고갈되면 석탄을 쓰고 또 지열, 태양열, 풍력 등의

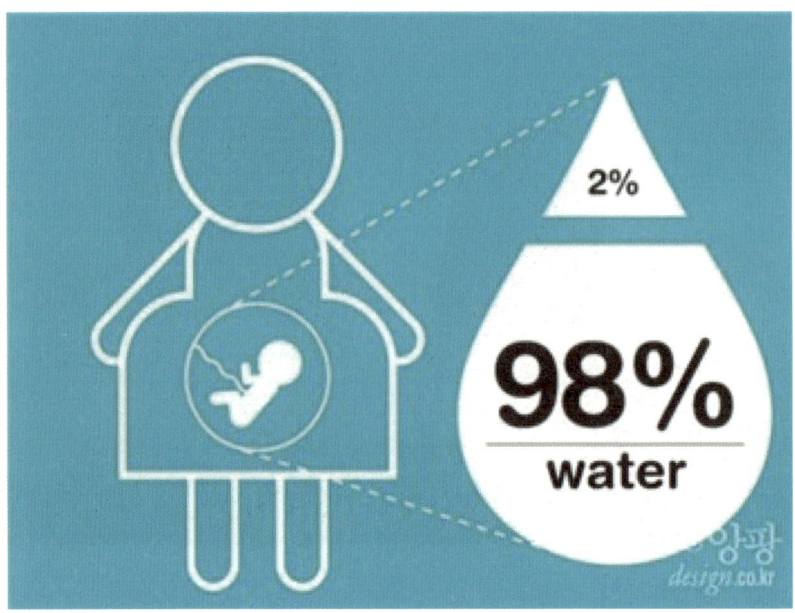

태아의 물 태아는 엄마의 자궁에서 양수에 둘러싸여 안전하게 보호되고 있다.
<그림: 앙팡>

재생에너지를 사용할 수도 있다. 이가 없으면 잇몸으로라도 버틴다. 버스가 안 오면 택시를 타거나 전철을 타고 목적지에 갈 수 있다. 그것도 안 되면 걸어서라도 간다. 연인과 헤어지는 것은 아픈 일이지만 그래도 그 아픈 시간이 지나면 새로운 인연을 만날 수도 있다. 밥이 없으면 빵을 먹으면 되고 피자가 안 되면 파스타를 먹어도 좋다. 물론 돈이 있어야 하기는 하지만.

그런데 물은 대신할 게 없다. 아들과 나의 대화이다.

"참! 아빠도, 물이 없으면 콜라나 우유를 마시면 되지!"

"허허! 아들, 콜라의 99%, 우유의 88%가 물이란다."

그런데 콜라나 우유는 아주 특이체질의 사람 빼고는 공짜로 준다고 해도 매일 계속 물 대신 먹을 사람은 없다. 언젠가 질려서.

7장 물의 신비 195

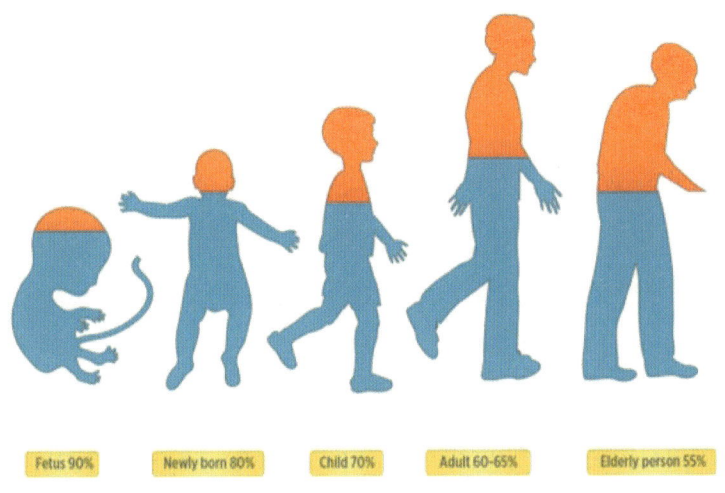

몸의 물 어릴 때는 몸 대부분이 물로 구성되어 있다가 나이가 들면서 몸에서 점점 물이 빠져나간다. <그림: ALVOGEN>

사람은 태어날 때부터 엄마 몸 안에서 양수에 둘러싸여 있다. 양수의 양은 임신 10주에 30ml, 16주에는 200ml, 36주에는 800ml까지 늘어난다. 그런데 이 양수의 98% 이상이 물이다. 이 물은 정말로 여러 가지 역할을 한다. 물은 비열이 크므로 엄마 몸속에서 외부의 열적 충격이 있어도 온도가 잘 변하지 않고 안정되게 유지된다. 또 어디에 부딪혀도 양수는 태아에게 충격을 완화하는 에어백 역할을 해준다. 또 태아가 안전하게 놀 수 있는 놀이터 역할도 해준다. 열심히 유영하다 보면 근육과 골격이 자란다. 양수를 마시면서 산소를 받아들인다.

태아의 몇 %나 물일까?

엄마의 몸속에 있을 때는 90% 이상이 물이다. 그러다가 태어나서 갓난아기일 때는 몸의 약 80%가 물이다. 그런데 점점 나이가 들어감에 따라 물의 비중은 점점 줄어든다. 중년이 되면 60~65%의 물이 있는 데 반해 노년기에 이르면 몸의 거의 절반만 물이다. 즉 나이가 들면서 몸에서 물이 계속 빠져나간다. 그 결과 탱탱하던 피부가 푸석푸석해지고 탄력도 없어진다. 그래서 사람이 나이 든다는 것은 물이 빠져나가는 과정(탈수)이다. 피부 미인은 물을 많이 마신다는 것은 빈말이 아니다. 자연적으로 늙는 것을 막지는 못하겠지만 그래도 노화를 늦추기 위해서는 충분한 양의 물을 섭취하는 것이 매우 중요하다.

그런데 몸에 이렇게 많은 물이 조금만 줄어도 탈수 현상이 발생한다. 인체에서 1~2%의 물이 빠져나가면 갈증을 느끼고 5%이면 심한 탈수증세 그리고 15~20%이면 사망에 이른다. 우리 몸은 물로 작동하기 때문에 남은 물이 아직 많아 보여도 치명적인 상황이 되는 것이다. 그래서 우리는 음식(밥)을 안 먹고는 한 달을 견딜 수 있지만, 물은 안 먹으면 일주일이면 사망에 이른다.

단식하는데 왜 물은 먹는지 생각해 보라. 재난영화 "터널"을 보라. 음식은 없어도 물만 있으면 견딜 만하다. 정 안되면 자신의 소변마저 받아먹는다. 이렇게 중요한 것이 물이다. 왜 태초에 하나님이 물부터 만들었는지, 왜 물을 배경으로 깔아놓으셨는지 그리고 왜 지구를 물로 충만하게 하셨는지 알 것도 같다. 예수님이 생명수이다. 곧 물이다. 아는가?

몸의 작동 유체이면서 몸 구석구석 산소를 나르고 양양분을 공급하고 노폐물을 밖으로 배출하는 역할을 하는 피의 83%도 물이다. 좀 끈적끈적한 물이다. 사람이 물 없이 살 수 없듯이 우리는 생명수인 예수님을 떠나 살 수 없다.

로마 제국의 핍박 초기 기독교인들은 로마제국의 핍박을 받았다. 원형경기장에서 공개적으로 처형되거나 맹수의 공격을 받아 죽음을 맞이하였다. <그림: 구글>

3. 익투스

예수님은 이스라엘에서 유대인들의 인정을 받지 못하였다. 또한, 당시의 로마제국은 유대를 식민지로 삼고 기독교인을 핍박하였다. 그래서 이들에게 예수를 믿는다는 것과 믿음을 지키는 것은 목숨을 거는 것과 다르지 않았다. 최초의 순교자인 스데반 집사는 은혜와 권능으로 기사와 표적을 행하였다. 그러나 그는 예수를 증거함으로써 예루살렘 사람의 미움을 받아 돌에 맞아 죽었다(행 7:59).

주후 313년 콘스탄티누스 황제가 밀라노칙령을 통해 기독교를 공인하기까지 말로 할 수 없는 로마제국의 핍박이 가해졌다.

우리가 잘 아는 폭군 네로 황제(AD 54~68년)는 기독교인을 태워 황제정원을 밝혔고 도미티안 황제(AD 90~96년)는 자신에게 절하지 않는 사람들을 유배시켰고 트라얀 황제(AD 98~111)는 기독교인이 발견되는 족족 형을 집행하였고 하드리안 황제(AD 117~138)때도 트라얀과 같은 박해를 가하였고 아우렐리우스 황제(AD 161~180)는 자연재해가 기독교인들 때문이라고 핍박하였다.

또 세베루스 황제(AD 202~211)는 기독교로의 개종을 금지하였고 막시미누스 황제(AD 235~236)는 기독교 성직자들을 처형하였고 데키우스 황제(AD 249~251)는 최초로 로마제국 전역에 걸쳐 박해를 가하였다. 또 발레리안 황제(AD 257~260)는 기독교인의 집회를 금지하고 재산을 몰수하였다. 갈레리우스 황제(AD 303~311)때가 최악의 박해시기인데 교회를 무너뜨리고 성경을 불태우고 모든 기독교인은 시민의 권리가 정지되었다. 기독교인은 원형경기장(콜롯세움)에서 공개적으로 처형되거나 맹수에 물려 죽기도 하였다.

그러다 보니 성도들은 로마제국의 눈을 피해 지하 공동묘지(카타콤) 등에서 회합과 예배를 할 필요가 있었다. 또한, 성도들 간의 소식을 전하거나 하면 서로 간에 알아보는 비밀 표식이 필요했다. 그게 바로 물고기 모양이었다. 성도들 간의 신분을 확인하기 위해 바닥에 물고기의 반을 그리면 나머지 사람이 그 절반으로 물고기를 완성하였다. 또 회합 장소의 위치를 표시하는 역할도 했다. 즉 그들만의 암호였다. 익투스라고 발음하는 이 모양은 헬라어로 문자적으로는 물고기라는 뜻이다. 그러나 이 익투스라는 말은 헬라어 "Ιησους Χριστος Θεου Υιος Σωτηρ"(이에수스 크리스토스 테우 휘오스 소테르)라는 글의 약어(abbreviation)이다. 영어로 "Jesus Christ Son of God, Savior"(예수 그리스도 하나님의 아들, 구세주)이다. 물고기라는 헬라어가 위 설명의 앞머리 약어와 잘 일치한다. 곧 익투스는 예수님을 뜻하게 되었다.

헬라어로 "물고기"라는 뜻인 이 "익투스"는 신약성경에 20번이나

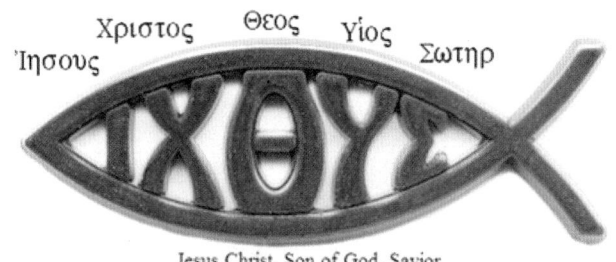

익투스 그리스어 익투스는 문자적으로는 물고기지만 하나님의 아들 구세주 예수님을 의미한다. <그림: 구글>

등장한다. 예를 들어 마태복음 7: 9~10에 "너희 중에 누가 아들이 떡을 달라 하는데 돌을 주며 생선(ΙΧΘΥΣ:익투스)을 달라 하는데 뱀을 줄 사람이 있겠느냐"를 비롯해서, 마태복음 14:17~21(물고기), 누가복음 11:11(생선), 마태복음 17:27(고기), 누가복음 5:5~9(고기), 누가복음 24:42·43(생선), 요한복음 21:1~11(생선, 물고기) 등 곳곳에서 '익투스'라는 헬라어가 조금씩 다르게 번역되었다.

　흥미로운 것은 하필이면 물고기를 예수님의 상징으로 삼았느냐는 것이다. 그냥 생각해 보면 육지의 어떤 동물 혹은 식물이어도 될 것 같은데. 물론 헬라어 익투스가 예수님에 대한 설명풀이의 약어가 된다는 것도 하나의 설명이 되기는 하겠지만 그건 어째 처음 만들어진(사용된) 유래이기보다 후에 붙여진 설명으로 보인다. 물고기는 반드시 물이 있어야 살 수 있다. 물속에서 물고기는 자유롭고 평안하다. 예수님이 물이라는 생명의 근원과 하나 되는 물고기로 상징화된다는 것은 우연이라고 생각되지 않는다. 예수님께서 십자가에서 돌아가심으로써 우리가 구원을 받고 생명을 얻었다.

4. 대프리카

어떤 물질 1그램(g)의 온도를 1℃ 올리거나 내리는 데 필요한 에너지(열량)를 비열이라고 한다. 그런데 세상에 존재하는 물질 중에서 물보다 비열이 큰 것을 찾기 쉽지 않다. 비열이 크다는 말은 온도를 올리거나 내리기가 쉽지 않다는 뜻이다. 비열이 큰 물은 온도를 올려서 끓이거나 혹은 낮추어서 얼음을 만드는 데 에너지가 많이 든다는 말이다.

물질	비열	
	J/kg·℃	cal/g·℃
물	4,186	1
수은	140	0.033
알콜	2,400	0.58
화강암	860	0.21
얼음	2,090	0.5
실리콘	703	0.168
유리	837	0.20
나무	1,700	0.41
은	234	0.056
납	128	0.0305
철	448	0.107
금	129	0.0308
게르마늄	322	0.077
구리	387	0.0924
카드뮴	230	0.055
알루미늄	900	0.215

라면을 끓일 때 우리가 알루미늄 냄비를 사용하는 이유는 알루미늄이 가볍기도 하지만 비열이 작아 쉽게 가열되고 열전도가 아주

대프리카 대구+아프리카의 합성어인 '대프리카'는 길에 계란 프라이가 가능한 정도의 폭염을 자랑한다. 한때 대구 지역에서 일반 가정집에 바나나가 열렸다는 소식이 전해지기도 하였다. < 사진: 구글>

잘 된다. 한여름에 노천주차장에 세워둔 자동차 엔진룸 덮개(보닛)를 잘못 만졌다가는 손이 데이는 경우가 생기기도 한다. 이유는 보닛은 일반적으로 철판으로 되어있는데 비열이 매우 작아 한여름 태양 빛에 노출되면 온도가 급격하게 올라가기 때문이다.

2017년도 여름에 대구의 어느 가정집에서 바나나가 열렸다고 보도되었는데 원래 대구는 더위로 유명한 곳이지만 이 보도로 인해 대프리카(대구+아프리카)라는 별명을 얻기도 하였다. 대구는 이를 계기로 시내 길바닥에 폭염으로 계란 프라이 되는 것을 상징하는 조형물을 설치하며 오히려 더위를 마케팅하기까지 하였다. 여름에 아스팔트 도로가 부글부글 끓는 이유도 바로 비열이 작기 때문이다.

그런데 물은 비열이 철보다 9.3배, 금보다 32.5배, 알루미늄보다 4.7배 그리고 유리와 암석(화강암)보다 5배나 크다. 물의 이런 성질 때문에 어떤 일이 발생하는지 보자. 만약 물이 땅과 같이 비열이 작다면 한여름에 바다는 부글부글 끓어오를 것이다. 바다 전체는 아닐지라도 수면은 분명 엄청나게 수온이 올라갈 것이다. 그러므로 웬만한 작은 호수나 연근해에서는 생물이 살기가 쉽지 않을 것이다. 또 수온이 많이 올라가면 산소의 용해도가 많이 감소하여 물속의 용존 산소가 감소하고 이로 인해 물고기가 호흡을 못 하여 폐사하는 일이 많이 증가할 것이다.

그러나 물은 비열이 커서 한여름에 많은 태양에너지가 들어와도 바다가 이를 충분히 받아들여 열을 식히고 저장하는 역할(heat sink)을 한다. 재미있는 것은 물은 비열이 커서 바다 수온이 한여름에도 잘 안 올라가지만, 서서히 데워진 물 때문에 여름, 가을이 가고 오히려 초겨울인 10~11월에 앞바다 수온이 제일 높다(21~23℃). 그래서 날씨가 쌀쌀한 늦가을에도 바다에서 수영하는 사람들이 꽤 있다. 비열이 커서 수온이 천천히 오르지만 한번 올라간 온도는 서서히 내려온다. 자동차 온도를 낮추기 위해 냉각수로 물을 사용하는 것도 물의 비열이 크기 때문이다.

우리 인체도 물의 큰 비열 덕을 본다. 비열이 큰 물을 많이 함유하고 있으므로 체온의 변화 폭이 크지 않아 안정적으로 생명이 유지되는 것이다.

산천어 축제 화천 산천어 축제는 대표적인 겨울 축제이다. 수십만의 인파가 산천어를 낚기 위해 얼음에 구멍을 뚫고 행운을 기다린다. <사진: 구글>

5. 산천어 축제

우리나라의 지역 축제 중에서 대표적인 겨울 축제의 하나인 화천 산천어 축제에는 수십만의 인파가 몰려든다. 춘천에 사는 나는 아들과 수차례 이 축제에 참여하였다. 그러나 실적은 형편없는데 지금까지 딱 한 마리 낚았다. 아마도 산천어는 우리 부자와는 인연이 별로 없는 것 같다. 올해도 갔는데 옆자리에서는 연신 산천어를 낚아대며 탄성을 지르고 행복해하는 모습이 아주 부러웠다. 우리는 물고기 대신 입장권 구매 시 나누어준 농특산물 교환권으로 고기(삼겹살)를 잡아서 집으로 왔다.

그런데 신기한 것은 다른 물질들은 액체에서 고체가 되면 밀도가 커져서 즉 무거워져서 가라앉는데 왜 액체의 물은 고체의 얼음이 되면 밀도가 더 작아지는(가벼워지는) 것일까?

산천어 낚시 아들도 몇 년째 한 마리 낚아보려고 얼음구멍을 뚫어지게 쳐다보면서 애를 쓰지만 계속 허탕만 치고 있다.

물은 고체인 얼음 때보다 액체인 4℃에서 가장 밀도가 크다(가장 무겁다). 이 때문에 얼음이 얼어도 가라앉지 않고 물 위에 뜬다. 만약 얼음이 되어 무거워진다면 밑으로 가라앉으면서 물고기들은 얼음 아래에 갇히거나 혹은 겨우 내내 얼음이 차곡차곡 쌓여서 바닥에 깔리면 물고기들은 갈 데없이 점점 위로 올라와야 한다. 뜰채만 있으면 물고기를 쉽사리 잡을 것이다.

그런데 이게 좋은 것일까?

다행히 얼음은 물보다 가볍다. 그러니 한겨울 혹한의 추위에도 상부의 얼음 막이 바깥의 차가운 공기를 차단하여 물속의 물고기가 안전하게 지내도록 도와준다. 얼음은 추위에 대한 물리적 방어막 역할 외에도, 물보다는 아니지만, 비열이 상당하여(물의 1/2) 추위에 따른 온도변화를 상당히 완화한다. 그러니 얼음은 물고기에게 정말로 고마운 존재다. 얼음이 없으면 물고기는 추워서 얼어 죽었을 것이다. 또 산천어 축제는 꿈도 못 꾼다.

그런데 참 이상하다.

왜 물만 이런 특성이 있을까?

수도 없이 많은 물질 중에서 왜 물이 이럴까?

이게 정말 우연히 이렇게 될 수 있다고 생각하는가?

긴 시간 동안 이것도 진화되어?

처음에는 물도 다른 물질과 같이 고체가 되면 무거웠는데 나중에 물고기를 위해 혹은 산천어 축제하라고 얼음이 되면 가볍게 되었을까?

말이 안 된다. 이건 처음부터 하나님의 치밀한 계획하에 물의 특성이 결정되고 만들어진 것이다. 욥기 38장 30절에 "물은 돌 같이 굳어지고 깊은 바다의 수면은 얼어붙느니라"고 했다. 수면부터 물이 돌같이 얼어붙게 하셨다. 그리고 가볍게 하여 물 위에 뜨게 하셨다.

예수님은 생명의 물이다. 물의 이런 특성은 생명인 물고기를 지키고 안전하게 보전하기 위한 계획된 장치이다. 앞에서 우리는 물고기(익투스)가 예수님임을 알았다.

물, 물고기 그리고 안전장치 얼음. 뭔가 필연 같아 보이지 않는가?

8장

피부 미인

야곱이 아침에 보니 레아라 라반에게 이르되 외삼촌이 어찌하여 내게 이같이 행하셨나이까 내가 라헬을 위하여 외삼촌을 섬기지 아니하였나이까 외삼촌이 나를 속이심은 어찌됨이니이까
창 29:25

1. 라헬과 레아

　야곱은 인류역사상 하나님의 축복을 가장 많이 받은 사람 중의 한 명이다. 그러나 처음 태어날 때부터 그리 평탄한 것은 아니었다. 이삭의 아들로 에서와 쌍둥이였지만 조금 늦게 태어나서 동생이 되었지만, 마음속에는 장자에 대한 열망이 강했다. 그러던 중 형님 에서로부터 떡과 팥죽 한 그릇에 장자권을 갈취하였다. 이후 아버지 이삭이 죽기 전에 장자 에서에게 축복할 생각으로 평소 자신이 좋아하는

팥죽 12월 동지에 먹는 붉은 팥죽. 야곱의 아들 에서는 팥죽 한 그릇에 소중한 장자권을 동생 야곱에게 팔았다. <사진: 위키미디어 커먼스>

음식을 좀 만들어 오도록 하였다.

그러나 이를 눈치챈 어머니와 야곱은 그 축복을 가로채기로 마음먹었다. 에서처럼 분장을 하고 어머니가 마련한 음식을 들고 에서인 척 하여 판단력과 눈이 어두운 아버지 이삭을 속이고 장자가 받아야 할 축복을 한껏 받았다.

야곱도 이렇게 사기로 장자권과 장자의 축복을 받은 것이 무척이나 마음에 걸렸던 것 같다. 나라고 해도 형을 볼 면목이 없을 것 같다. 그렇다면 당연히 형에게 맞아 죽지 않으려면 도망가는 게 상책이다. 그래서 멀리 조상의 고향 하란에 있는 라반 외삼촌에게 피신을 하였다.

외삼촌에게는 두 명의 딸이 있었는데 언니 레아는 시력이 약하고 동생 라헬은 곱고 아리따웠다(창 29:17). 야곱은 예쁜 라헬을 더 사랑하여 그녀를 얻기 위해 칠 년 동안 라반을 섬겼고 그녀를 사랑하였으므로 칠 년을 단 며칠로 여겼을 뿐이다.

칠 년의 기한이 찬 날 야곱은 외삼촌에게 라헬을 달라고 요구하였다. 그날 밤 사람들을 모아 잔치를 베풀었다. 문제는 다음 날 아침에 발생하였다. 사실 성경 말씀으로 우리는 그날 저녁에 외삼촌이 약속한 라헬이 아닌 레아를 끌어냈고 야곱이 레아에게 들어간 것을 안다. 그러나 아마도 어두워 야곱은 이 사실을 알지 못하였고 아침에 깨어 동침한 사람이 레아인 것을 알고 분노하여 외삼촌에게 따진다.

어떻게 나에게 이럴 수 있냐고?

나는 여기서 이 사건을 통해 주려는 여러 가지 교훈과 책망을 말하기보다 야곱이 본능적으로 관심을 가진 라헬의 미모에 대하여 생각을 해보고 싶다. 분명 야곱은 고운 라헬의 미모에 반했다. 성경에 다른 말씀이 없으니 라헬의 미모만 본 것이고 심성을 보았다거나 다른 어떤 점이 야곱의 마음을 끌었는지는 알 수 없다. 모든 젊은이가 그런 것은 아니지만, 나 또한 젊은 시절 외적으로 보이는 미모에 얼마나 현혹되고 이끌렸는지 고백하지 않을 수 없다. 그런데 그 미모란 것이 어두운 밤 아래에서는 아무 소용이 없는 것 같다.

어찌하여 야곱은 칠 년을 오매불망 흠모한 라헬을 밤에 알아보지 못하였을까?

술 때문일까?

너무 기뻐서 실수한 것일까?

이것저것 논리적으로 따지면 이해할 수 없는 게 많지만, 그저 미모에서 출발한 사랑이라는 것이 참 허망하기도 하다.

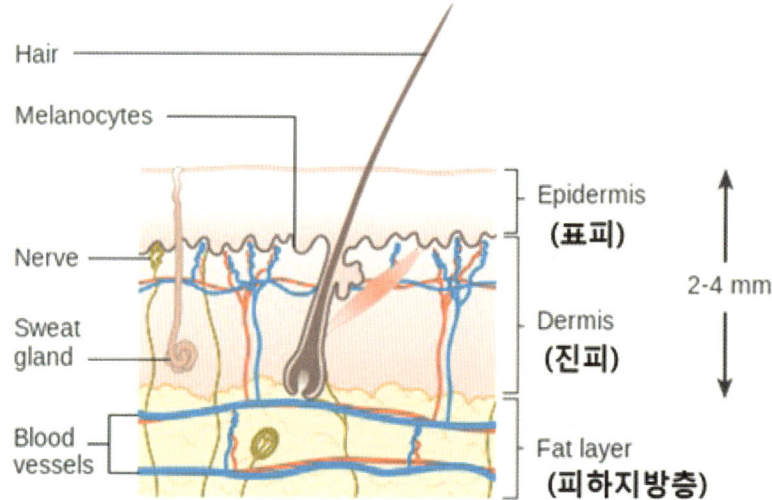

피부 외적으로 드러나는 피부(표피)는 사실 1mm도 되지 않는다. <그림: 구글>

2. 피부

　예전부터 미인은 피부 한꺼풀 차이라는 말이 있다. 말 그대로 피부는 매우 얇다. 실제로 외부로 드러나는 표피는 1mm도 되지 않는다. 우리는 이렇게 얇은 표피를 보고 "예쁘다, 곱다" 이렇게 말을 한다. 사실 알고 보면 그 속에 감추어진 뼈는 서로 별반 다를 바 없는데 말이다. 요즘 젊은이들과 사람들은 외모에 대해 많은 스트레스를 받고 산다. 나도 그렇다.
　옛날 우리 조상들은 사람을 많이 알아보았자 한 고을 사람이 다였을 것이다. 그러니 내가 남보다 잘 생겼는지 못생겼는지 비교할 것도 많지 않았다. 그러나 지금은 온갖 매스미디어들이 퍼다 나르는 소위 고운 사람들의 모습을 실시간으로 매일 접하다 보니 상대적 박탈감을 많이 느끼는 것 같다. 그래서 자신이 불행하다고 생각도 많이 하게 되고.

어떤 사람들은 "외모도 능력이다"라고 말하기도 한다. 뼈아픈 이야기이고 마음은 이것을 부인하고 싶은데 돌아가는 세상사를 보면 그런 것 같기도 하다. 그러다 보니 다른 어떤 나라보다도 미용에 대한 관심이 많고 또 성형수술도 많이 한다고 한다.

우리나라는 전쟁의 폐허 속에서도 짧은 압축 경제성장으로 물질적 풍요는 크게 이루었지만, 정신세계는 너무나 빈곤하다는 생각이 든다. 영혼이 빈곤한데도 오로지 많은 물질을 가지기 위하여 애타하고 그것을 위해 온갖 악행을 서슴지 않는다. 주님의 사랑과 천국을 바라보는 우리 크리스천도 여기서 자유롭지 않다.

어떤 이는 지금의 일반인이 누리는 음식과 물질의 풍요는 지혜의 왕인 솔로몬이 누린 영화와 비교해도 손색이 없다고 한다. 그만큼 물질에서는 풍요를 구가하고 있지만, 피부 한꺼풀로 대변되는 외면적, 표피적인 것에만 우리의 온 관심이 쏠리고 있다. 그런 찰나적 혹은 세속적 아름다움과 즐거움에 빠져있다. 이런 영혼의 공허함이 어쩌면 자살에 이르게 하는지도 모른다.

3. 셈, 함, 그리고 야벳

우리는 흔히 사람의 피부색을 보고 황인종, 백인종, 흑인종으로 구분한다. 그런데 현대의 과학자들은 피부색에 따른 인종 구분은 과학적 근거가 미흡하고 실제로 유전적 차이는 크지 않다고 한다. 흔히 백인종은 지적으로 우수하고 흑인종은 열등하다는 식의 편견이 있는

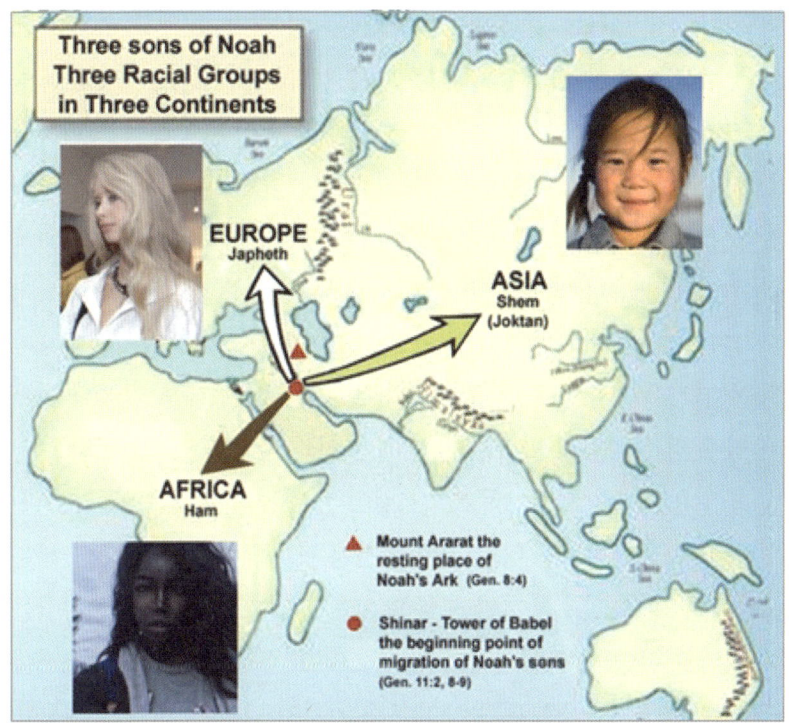

피부색 흔히 피부색을 보고 흑인종, 황인종, 백인종으로 구분을 한다. 기독교에서는 흔히 함, 셈 그리고 야벳을 그들의 조상으로 얘기하기도 한다. <인물사진: 구글>

데 이도 전혀 과학적 근거가 없다는 것이 사실이다.

우리나라도 어느새 이런 편견이 들어와서 백인 외국인에게는 매우 친절하면서도 흑인 외국인에게는 상대적으로 덜 친절하다. 심지어는 영어학원에서 영어를 모국어로 하는 국가에서 나서 매우 좋은 대학에서 교육을 받았는데도 흑인이라는 이유만으로 강사채용을 거부하는 사례도 전해진다. 그런데 백인이 영어를 사용하면 정상적인 대학 졸업이 아닌데도 '묻지 마 채용'하는 말도 안 되는 일이 벌어지고 있다.

재미있는 것은 어떤 해석에 의하면 노아의 아들들 셈, 함, 야벳이 백인, 흑인 그리고 황인종의 조상이라는 얘기도 있다. 물론 여기에 어떤 과학적 근거를 두고 하는 말은 아닌 것 같다. 그래도 성경적 해석에 나름 이해할 거리를 찾는 것도 흥미로운 것 같다. 아마도 노아 홍수와 바벨탑 사건까지 민족이 전 세계로 흩어지기 전에는 비슷한 인종이지 않았을까 싶다. 비슷한 인종이라 함은 피부색도 비슷하였을 것으로 추정된다. 물론 어떤 특정 피부색이 지배적이라고 하여도 항상 거기에는 다양한 변이(variation)가 있으므로 상대적으로 더 하얗거나 아니면 더 까만 사람이 있었을 것이다.

현재도 우리 주변을 살펴보면 다 같은 한국인인데도 얼굴이 피부가 아주 검은 사람도 있고 특별히 매우 하얀 사람도 있다. 즉 같은 인종 혹은 민족이라도 변이의 스펙트럼이 매우 넓다는 것을 알 수 있다. 그런데 지금 살펴보면 어떤 지역에 사는 예를 들어 아프리카에 사는 사람들은 대체로 아주 까만 피부를 가지고 있고 유럽에 사는 사람들은 대체로 하얀 피부를 가지고 있다. 그리고 우리나라와 같이 아시아에 사는 사람들은 대체로 누런 피부를 가지고 있다.

어떻게 하여 이런 일이 벌어진 것일까?

물론 아직도 이런 피부색의 차이에 대해 과학적으로 명쾌하게 밝혀진 것은 많지 않다.

4. 멜라닌

과학에서 말하는 피부색의 차이는 무엇일까?

사실 아직도 피부색의 분화에 대하여 과학적 설명이 만족스러운 것은 아니다. 피부색은 다양한 요인과 결부되어 있으며 많은 유전자가 영향을 준다고 한다. 또 단순히 유전자만으로 설명할 수도 없으며

일광욕 맑은 날이 적은 영국 런던에서는 시민들은 햇볕이 좋은 날은 흔히 일광욕을 즐긴다. <사진: 구글>

환경적 영향도 크다고 한다. 흔히 피부색과 관련한 유전자들은 멜라닌(흑색 내지는 갈색 색소)의 발현을 조절하여 피부색에 영향을 준다고 한다.

피부 표피(0.1~0.3mm)의 가장 아래 기저층에 있는 멜라닌세포(멜라노사이트)가 자외선을 받으면 멜라닌을 생성하는데 멜라닌은 사람의 피부색을 결정하는 중요 요소이다. 인종에 따라서 멜라닌 발현 유전자가 다르고 이에 따라 멜라닌세포의 양이 조절되어 피부색이 결정된다고 한다.

그러나 최초의 비슷한 조상으로부터 인종과 피부색 분화는 좀 더 다르게 이해하는 것이 필요하다. 환경적 요인을 생각해 보자. 처음에 비슷한 피부색을 가졌다고 하자. 이들이 어떤 이유에서 아프리카, 아시아, 북유럽 쪽으로 이동을 하였다.

그런데 각 지역은 위도가 달라 일사량(태양복사량)이 다르다. 아프리카는 태양 빛을 고각으로 받아 단위면적당 들어오는 햇빛과 자외선의 양이 많고 반대로 북유럽은 매우 적다. 햇빛은 사람의 면역성을 증진하고 또 칼슘 결합 단백질, 비타민D를 생성하는 등 건강에 매우 중요한 역할도 한다. 그래서 우울증에 걸린 사람의 경우 반드시 햇빛을 보는 운동을 해야 한다. 그런데 지나치게 햇빛을 많이 받으면 에너지가 센 해로운 자외선이 피부암을 일으키기도 한다. 이 자외선을 멜라닌이 막아주는 역할을 한다.

한편 고위도 지방과 저위도 지방으로 이동한 사람 중에는 멜라닌 세포가 많은 사람도 있었고 또 적은 사람도 있었을 것이다. 저위도 지방(예를 들어 아프리카)에서는 멜라닌세포가 많은 사람이 강한 자외선에도 멜라닌을 많이 생성하여 피부암도 덜 걸리고 더 건강하게 오래 생존을 했을 것이고, 이것이 세대를 거치면서 더 강화가 되어 멜라닌세포가 많은 사람이 즉 피부색이 검은 사람이 지배적으로 되었을 것이다. 남녀 간의 짝 선택도 아마 본능적으로 혹은 문화적으로도 더 갈색이거나 더 검은 사람을 선택하였을 것이다. 더 건강한 자손을 낳을 확률이 높으므로. 아마 이게 현재 아프리카에 검은 사람이 대부분인 이유가 될 것이다.

그럼 북유럽의 경우 이 반대로 생각해 볼 수 있다. 북유럽은 해양성 기후로 흐린 날이 많고 그래서 햇빛이 모자란다. 그래서 사람들은 햇빛이 드는 맑은 날에는 남녀노소 할 것 없이 공원에 나와 가벼운 차림으로 일광욕을 즐긴다. 우리와는 사뭇 다른 풍경이다. 우리가 잘 아는 런던의 하이드 파크에 가족 단위의 일광욕을 즐기는 사람이 많은 이유이기도 하다.

이들은 햇볕을 많이 쬐어야 면역력도 좋아지고 또 기분도 좋아진다는 것을 안다. 그런데 이들 조상 중에도 검은 사람도 있고 비교적 흰 피부의 사람이 있었을 것이다. 그러나 멜라닌색소가 적어 햇빛을 덜 차단하는 사람이 면역력도 좋고 더 건강하고 생존에 유리하였을 것이다. 또 이건 짝 선택에도 영향을 미쳤을 것이고 세대가 반복되면서 이러한 것은 강화되었을 것이다.

이것이 백인이 많은 유럽의 스토리가 아닐까?

그러나 멜라닌 색소가 적은 유럽인이 지나치게 햇볕을 많이 쬐면 피부암에 걸린다. 한국인들은 거의 없는 피부암에.

재미있는 것은 북유럽보다 훨씬 고위도 지방에 있는 즉 햇빛이 아주 적게 들어오는 알라스카, 그린랜드나 시베리아에 사는 에스키모들의 피부가 생각보다 별로 희지 않다는 것이다. 햇빛이나 자외선에 대한 설명 논리라면 햇빛을 많이 받기 위해 피부가 매우 희어야 마땅하다. 그런데 오히려 황인종보나 너 갈색인 경우도 많다.

에스키모인들은 다른 지역 사람과 달리 필요한 비타민과 단백질을 날고기의 섭취를 통해서 한다고 한다. 이를 통해 햇빛이 부족하여 모자란 비타민과 단백질을 보충하는 것이다. 그러므로 특별히 햇빛을 잘 받아들이기 위해 피부색이 하얘야 할 이유가 없다. 오히려 곳곳에 있는 눈 때문에 반사된 햇빛을 차단하기 위하여 멜라닌색소가 많아 갈색에 더 가까운 피부를 가진다.

나는 2011년 겨울에 남극 세종기지를 약 한 달 반 동안 연구차 다녀왔는데 짧은 기간이었지만 그러잖아도 까만 내가 거의 흑인에 가깝게 탔다. 주변이 온통 눈밭이어서.

피부색에 관한 다른 재미난 해석이 또 있다. 다 그런 것은 아니지만 우리가 결혼하는 남녀를 보고 있으면 대체로 여자가 피부가 더 하얗고 예쁜 것을 볼 수 있다. 나의 경우도 나는 까만데 아기 엄마는

에스키모인 추운 고위도 지방에 사는 에스키모인들은 날고기와 지방질을 많이 섭취한다. <사진: 구글>

뽀얗고 예쁘다.

왜 여자들은 남자들보다 피부가 하얗고 예쁠까?

여자는 나중에 아기를 가지게 되면 혼자일 때보다 더 많은 비타민과 단백질이 필요한데 멜라닌이 많으면 햇빛을 차단하기 때문에 상대적으로 흰 피부를 가지게 되었다는 재미난 해석이 있다.

그런데 라마르크의 용불용설 사례에서 우리는 그동안 획득된 형질은 유전되지 않는다고 알고 있다. 사막, 바닷가나 눈이 많은 지역에 사는 사람은 피부가 대체로 까맣다. 햇볕이 많이 내리쬐고 자외선이 강해 피부가 까맣게 된 것이다.

그런데 이런 지역에 백인이 가면 어떻게 될까?

아마도 오랫동안 살게 되면 환경에 적응하여 까맣게 될 것이다.

그러면 이것은 유전이 될까?

아마도 되지 않을 가능성이 크다. 그러나 반드시 그런 것만도 아니다. 예전에는 획득형질은 유전되지 않는 것이 정설이었으나 요즘은 유전이 되는 예도 있다고 한다. 그래서 이것을 후성(생)유전이라 하고 어떤 이는 라마르크의 부활이라고 부르기도 한다.

5. 아롱진 것과 점 있는 것과 검은 것

야곱은 라반 외삼촌에게 품삯에 대하여 여러 번 속았다. 물론 자신도 사실 떳떳할 게 별로 없다. 에서 형을 속여 장자권도 그리고 심지어 이삭의 축복도 빼앗았다. 그러나 라반에게 계속 속고만 있을 수 없던 야곱은 나름의 꾀를 낸 것이 "양은 아롱진 것, 점 있는 것, 검은 것 그리고 염소는 점 있는 것과 아롱진 것은 자신의 것으로 하고 나머지는 외삼촌 것으로 하자"라고 한 것이다(창 30:32).

라반이나 야곱은 오랫동안 양과 염소를 키워왔기 때문에 위의 것이 잘 나오지 않는다는 것을 잘 알고 있었을 것이다. 야곱이 제시한 안은 참으로 어리석은 것이고 라반 입장에서 보면 야곱의 어리석음에 쾌재를 부를 일이었다.

그래서 라반은 흔쾌히 그 제안을 받아들이고 그것도 모자라 아롱진 것, 점 있는 것, 검은 것을 골라 아들을 시켜 사흘 길 멀리에 격리했다. 얼룩덜룩한 것과는 전혀 교미를 못 하게 원천 봉쇄한 것이다.

야곱은 버드나무, 살구나무와 신풍나무 가지를 벗겨다가 양떼가 개천의 물 구유에서 물을 먹고 교미를 할 때 그것을 보게 하여 얼룩얼룩하고 아롱진 것을 수태하게 하였다. 또 튼튼한 양이 새끼 밸 때

양 양들은 대체로 하얗다. 아롱진 것이나 검은색은 드물다. 그것은 흰색이 우성이기 때문이다. <사진: 위키미디어 커먼스>

개천에 그 가지를 두어 약한 것은 라반 그리고 튼튼한 것은 자신의 것이 되게 하였다.

재미난 것은 이런 식으로 얼룩덜룩한 가지를 가져다 놓은 야곱의 행위는 아무런 과학적 근거가 없다는 것이다. 그냥 자신의 믿음에 대한 하나의 상징적 행위 혹은 하나님께 자신의 소원을 비는 행위 정도로 받아들이는 것이 맞을 것이다. 만약 이런 게 인과적 관계나 과학적 효과가 있는 것이라면 부부들이 아기를 갖고자 할 때 침대 위에 남자나 여자아이 사진을 두면 그대로 될 것이다. 그러나 그건 말이 안 된다는 것을 우리는 잘 안다.

그런데도 야곱은 양과 염소의 수도 늘어나고 사람들도 늘어나 매우 번창하게 되었다. 한편 멘델의 유전법칙을 생각해 보면 라반 입장에서 검은 것, 얼룩덜룩한 것을 다 멀리 보낸 것은 잘한 일이다. 그러나 흰 양과 흰 염소는 표현형이 흰색이기는 하지만 그 속에 잠재된 열성 유전자를 미처 생각하지 못하였다. 흰색과 아롱진 것을 나타내

버드나무, 살구나무, 신풍나무 야곱은 버드나무, 살구나무, 신풍나무의 껍질을 벗긴 가지를 이용하여 자신이 원하는 아롱진 것 등의 양과 염소를 얻고자 하였다. <사진: 구글>

는 두 유전자를 간단히 가정해 보자. 당연히 흰색 유전자는 우성이고 아롱진 것은 열성이다.

자식은 엄마와 아빠 유전자를 반씩 받으므로 '흰색, 흰색', '흰색, 아롱진 것', '아롱진 것, 흰색'은 모두 표현형이 흰색이고 마지막 하나 열성끼리인 '아롱진 것, 아롱진 것'이 만나야 결국 아롱진 것이 나온다.

즉 열성인 아롱진 것이 나오는 것은 확률적으로 매우 힘든 것이다. 그런데도 그 확률을 뛰어넘어 새끼를 낳는 것마다 아롱진 것, 검은 것 등이 나왔다. 그러니 이건 과학이라기보다 말 그대로 야곱이 받은 하나님의 축복인 것이다. 벧엘(루스)에서 약속하신 축복을 실현하신 것이다(창 28:13~15). 그러니 야곱의 세 나무의 가지 사례를 과학으로 설명하려는 시도는 어리석은 것이다. 복음성가대로 '야곱의 축복'으로 이해하면 딱 맞다.

9장

만유인력의 법칙

> 그는 북쪽을 허공에 펴시며 땅을 아무것도 없는 곳에(over nothing) 매다시며 욥 26:7

나는 고등학교 때에 과학교과 중에서 지구과학을 조금 더 좋아했던 것 같다. 사실 화학이나 생물은 너무 외울 게 많아서 내 성격에는 맞지 않았고 그래서인지 두 과목의 성적은 잘 나오지도 않았고 결국 성적이 잘 나오는 지구과학과 물리 두 과목을 택하여 대학 입시를 준비했고 서울대학교에 가서 입학시험을 치를 때도 지구과학과 물리를 선택했다.

그런데 고등학교 지구과학 시간에 지구가 허공에 떠 있다는 것을 배운 후부터 자주 악몽에 시달리고는 했다. 도대체 받치고 있는 것도 아무것도 없는데 어느 순간 지구가 우주의 심연 속으로 곤두박질칠 것 같다는 것이 상상되자 진저리쳐지게 무서웠다.

9장 만유인력의 법칙　221

지구 빈 공간 지구는 신기하게도 빈 공간에 아무것도 받치는 것도 없이 떠서 움직인다. <그림: 위키미디어 커먼스>

아무것도 없는 허공에 이 무거운 지구가 떠 있다는 것이 상상이나 되는가?

어떤 이유로든 이것이야말로 기적 중의 기적이 아닐 수 없다. 어떤 사람은 이렇게 말할지도 모른다.

"아! 그거 만유인력(중력) 때문에 그런 거야. 서로 잡아당기는 인력 때문에 떨어지지 않고 태양 주위를 빙글빙글 도는 거야. 뭘 그걸 심각하게 생각해."

하지만 그럴까?

수많은 존재 형태 중에 왜 하필 허공에 떠 있어야 하는가?

만유인력의 법칙은 현상을 설명하는 것이지 그 존재 원인과 인과율을 설명하는 것이 아니다.

사과나무 일설에 의하면 아이작 뉴턴은 사과나무에서 사과가 땅으로 떨어지는 것을 보고 중력을 생각했다고 한다. 중력은 만유인력의 특수한 예라고 할 수 있다. <사진: 위키미디어 커먼스>

1. 뉴턴의 사과

아이작 뉴턴은 영국의 물리학자로 인류 문명과 과학 역사상 가장 큰 영향을 끼친 한 명이다. 그는 "멀리 보려면 거인의 어깨 위에 서서 보라(If I have seen further, it is by standing on the shoulders of Giants, 1676)"는 명언으로도 유명한데 과학자로서의 겸손함과 이전의 과학자에 대한 존중을 말한다. 비록 자신이 처음 한 격언은 아니지만, 뉴턴이 워낙 유명한 과학자이기에 그의 말로 알려져 있다. 일종의 마태 효과다.

> 무릇 있는 자는 더 많이 받아 풍족하게 되리라. 없는 자는 가진 것마저 빼앗기리라 마 25:29

아마도 뉴턴은 왜 사과가 땅으로 떨어지는지에 대하여 궁금해하였을 것이다. 일반인들은 사실 별생각을 하지 않지만. 왜냐하면, 주변에 모든 것들이 높은 데서 낮은 곳으로 가는 것을 경험하기 때문이다. 뉴턴은 명저 『프린키피아』(Principia, 원제: 자연철학의 수학적 원리, 1687)를 통해 운동법칙과 만유인력의 법칙을 수학적으로 설명하였다.

사실 뉴턴이 밝힌 이 법칙들은 그 전에 이미 상당 부분 알고 있던 내용이었으나 수학적으로 엄밀하게 증명을 하였다는 것이 매우 중요하다. 그는 사실 이전의 과학적 성과에 대하여 잘 알고 있었는데 갈릴레오(역학), 케플러(천문학), 데카르트(광학, 철학), 아리스토텔레스(자연철학)에 매우 정통하였다. 아마도 이런 이유로 그가 그의 과학적 성취를 이전 거인의 공으로 돌린 것인지도 모른다.

그는 달의 운동과 케플러의 법칙을 통해 달과 지구 사이에 작용하는 힘은 달과 지구의 질량의 곱에 비례하고 거리의 제곱에 반비례한다는 것을 알아냈다. 이는 "모든 질량을 가진 물체는 서로 끌어당기는 인력(引力)이 있다"라고 확장할 수 있는데 바로 이게 만유인력의 법칙(law of universal gravity)이다. 이를 수학식으로 나타내면 다음과 같다.

$$F = G \frac{m_1 m_2}{r^2}$$

F: 두 물체 간에 잡아당기는 인력(만유인력)
G: 뉴턴(만유인력) 상수($=6.673 \times 10^{-11}\,\mathrm{Nm^2/kg^2}$)
m_1, m_2: 두 물체의 질량

지구도 지구 위의 모든 물체를 잡아당긴다. 그렇기에 사과가 지구

질량(mass)은 물질 고유의 값으로 우주 어디에서나 동일
무게(weight)는 질량에 중력가속도를 곱한 값으로 장소에 따라 달라짐(w=mg)

달에서 우리 몸무게는 1/6로 준다. 그러나 질량은 그대로다.

몸무게 몸무게는 어디에서 재느냐에 따라 즉 중력에 따라 달라진다. 달에서 몸무게를 재면 지구의 1/6밖에 되지 않는다. 그러나 질량은 어디에서나 동일하다.

중심방향으로 떨어지는 것이다. 흔히 우리는 만유인력을 중력이라고 하지만 엄격히 얘기하면 중력은 만유인력과 지구 자전에 의한 원심력의 벡터(vector) 합이다. 그러나 원심력은 만유인력보다 매우 작아서 중력이 만유인력이라고 해도 무방하다.

2. 몸무게

한편 우리의 몸무게(weight)는 지구가 우리를 잡아당기는 중력(힘=mg)이다(물론 우리가 지구를 잡아당기는 힘이기도 하다). 그런데 일상생활에서 "내 몸무게는 80 킬로그램(kg)이야"라고 말하면 엄밀히는 틀린 말이다. 킬로그램은 질량(mass)의 단위이지 무게의 단위가 아니다. 정확히는 "80 킬로그램·중(kg·g)이야"라고 말해야 한다.

즉 우리의 몸무게는 자신의 질량에 중력가속도(g)를 곱한 값이다. 질량은 우주 어디에 가도 불변이다. 그러나 중력은 변한다. 그래서 달에 가서 우리 몸무게를 재면 지구의 1/6밖에 안 된다. 달은 질량이 작아 중력(가속도)도 매우 작기 때문이다.

우스갯소리로 몸무게를 줄이고 싶으면 힘들게 다이어트를 하지 말고 달로 가거나 아니면 지표면에서 멀리 떨어지면 중력이 줄어들어 몸무게가 줄어든다. 적도로 가도 좋다. 자전효과가 커서 원심력이 커져 중력은 줄어들고 몸무게도 조금 줄어든다. 그러나 아쉽게도 질량은 변하지 않는다. 그저 체중계의 숫자적 눈속임에 불과하다.

만유인력을 설명하면서 내가 수업 시간에 흔히 하는 개그가 있다. 혹시 맘에 드는 남학생이나 여학생이 있으면 이 만유인력의 법칙을 잘 이용하면 사귈 수 있다고 말한다. 한 남(여)학생이 있는데 어떤 여(남)학생이 맘에 든다. 그런데 친해지고 싶어서 무턱대고 너무 가까이 갔다가는 스토커 소리를 듣거나 뺨 맞기 쉽다.

그런데 그 여(남)학생의 질량은 내 맘대로 어떻게 할 수 없다. 유일한 방법은 나의 질량을 늘리는 것이다. 그리고는 적당한 거리에 다가가면 그녀는 인력에 의해 나에게로 끌려오게 되어있다고. 내 몸무게가 많이 나갈수록 효과적이라고(인력이 커지므로). 그런데 여기 함정이 있다. 사실 우리도 각자 질량을 가지고 있으므로 서로 인력이 작용하고 있다. 그러나 거의 느끼지 못한다. 왜냐하면, 질량이 너무 작아 실제의 인력은 무시할 만큼 작기 때문이다.

이 만유인력(중력) 때문에 우주의 모든 천체가 떨어지지 않고 규칙성을 갖는 상호 운동을 할 수 있다. 태양계의 태양과 지구를 포함한 모든 행성도 마찬가지이다. 그런데 이와 같은 만유인력으로 지구에 생기는 현상 가운데 아주 중요한 것 중 하나가 조석이다. 조석

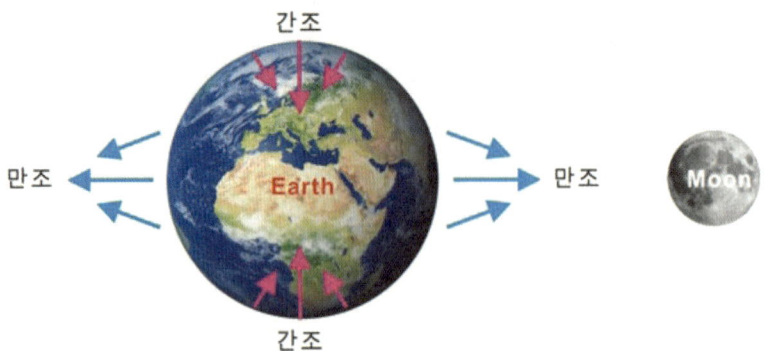

달의 인력 달, 태양과 지구와의 인력 때문에 유동성이 큰 바닷물이 오르내리는 조석이 발생한다. 달의 기조력이 태양의 두 배 이상으로 달의 영향력이 지배적이다.

은 달과 태양의 (만유)인력에 의해 해수면이 주기적으로 오르락내리락하는 현상을 말하는데 보통 12시간 25분 주기로 하루 두 번 일어난다. 실제 조석 영향은 거리 때문에 달이 태양보다 2배 이상 크다.

그런데 이런 조석 때문에 생기는 밀물과 썰물은 바다의 건강성을 지키는 매우 중요한 역할을 한다. 조석 없이 바다가 정체되어 있다면 조류도 발생하지 않고 산소의 공급도 어렵고 수질도 나빠질 것이다. 말 그대로 생명의 보고인 바다(해양)는 조석이 있어야 건강하게 유지된다.

3. 블랙홀

우주에 대해서 우리가 알고 있는 것은 극히 작다. 실제로 사람이 가본 곳은 달이 전부이고 그외에도 무인탐사선을 보내 살펴본 곳은 화성, 목성, 토성 정도이다. 그러니 태양계 밖은 사실 별빛으로 연구

블랙홀 블랙홀은 질량이 너무 커서 엄청난 중력으로 모든 물질을 빨아들인다. 심지어 빛까지도 빨아들여서 암흑세계를 만들며 빨려 들어온 그 어떤 것도 빠져나갈 수 없다. <그림: 픽사베이>

하는 것 외는 다른 도리가 없다.

우리는 2014년 개봉된 영화 "인터스텔라"를 통해 블랙홀에 대해서 더욱 익숙해졌다.

그런데 어떻게 블랙홀이 있다는 것을 알게 되었을까?

블랙홀은 엄청나게 무거운 질량 때문에 광자(빛), 입자, 전자기 복사 등 어떤 것도 빠져나올 수 없는 시공간을 말한다. 우리는 블랙홀의 안을 볼 수 없지만(빛이 빠져나오지 못하므로 보지 못함) 다른 물질과의 상호작용(중력)을 통해 그 존재와 성질을 알아낼 수 있다.

아인슈타인은 상대성 이론을 통해 중력이 빛에 미치는 영향을 살펴보았다. 즉 중력이 엄청나게 크면 빛도 빠져나가지 못한다. 지구는 만유인력 법칙에 따라 태양을 중심으로 공전을 하고 있다.

그런데 지구를 포함하는 태양계도 우리 은하의 중심에 대해 초당 217km 속도로 시계 방향으로 공전을 하고 있다. 그런데 과학자들이

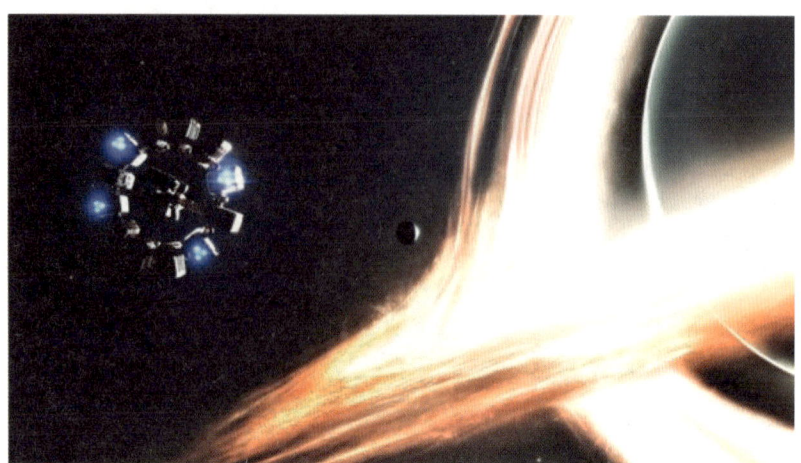

인터스텔라 영화 "인터스텔라"에서 블랙홀 근처에서 우주선이 빠른 속도로 스쳐 지나가는 것을 볼 수 있다. 엄청난 중력으로 인해 인근에서 가속되는 것이다. <사진: 인터스텔라>

우리 은하의 중심을 향해 아무리 관찰을 해보아도 무엇이 있는 것을 발견하지 못하였다. 그 결과 우리 눈에 보이지는 않아도 우주의 중심에 어마어마한 질량과 밀도의 그 무언가가 있어야 한다는 생각을 하게 되었다. 또 별 관찰을 통해 블랙홀로 추정되는 지점 옆을 지나는 별의 속도가 급격하게 빨라지는 것을 관측하였는데 이 또한 중력에 의해 가속되는 현상으로 블랙홀의 존재를 지지하였다.

흥미로운 것은 웬만큼 과학적 지식이 있는 요새 사람들은 블랙홀이 실제로 있다고 믿는다. 그런데 참 이상한 것은 누구도 이 블랙홀을 본 사람이 없는데 그 존재를 믿는다는 것이다. 어떤 사람이 나보고 하나님이 계심을 보이라고 한다. 내가 "하나님은 영이시니 우리 눈에 보이지 않는다"고 하면 말도 안 된다고 보이지도 않는데 어떻게 믿느냐고 한다. 이건 참으로 모순된 이야기이다. 블랙홀도 보이지 않는데 믿으면서.

10장

성경은 과학과 상충하지 않는다

어떤 사람들은 성경이 과학책이 아니라고 하면서도 거기에 기록된 사건들에 대하여 문자적으로 받아들이고 또 현대 과학으로 모두 설명하려고 하는 지나친 모습을 보인다. 물론 성경에 기록된 것들은 하나님의 감동으로 된 것이기 때문에 거짓이 있을 수 없다. 그러나 성경은 교훈과 책망과 바르게 함과 의로 교육하기에 유익하도록 기록된 것이다(딤후 3:16).

그러니 지나치게 현대 과학으로 해석하려는 태도는 지양해야 한다. 왜냐하면, 문자적으로 받아들여 억지로 현대 과학에 맞추려고 하다가는 당혹스러운 상황에 부닥칠 수가 있다. 과학의 속성상 현대 과학도 미래에는 틀릴 수 있다. 과학은 필연적으로 틀릴 것이고 수정될 것이기 때문이다.

나는 성경을 읽을 때 지금의 과학으로 잘 이해되지 않는 것을 발견하기도 한다. 예를 들어 창세기에 하나님께서 지구, 해, 달, 별 그리고 인류를 거의 동시에 만드신 것으로 나온다. 그런데 지금의 과학이 말하는 이것들의 탄생 시기는 상당히 달라 보인다. 그렇다고 나는 현대 과학이 말하는 탄생 시기를 부인하고 싶은 생각은 없다. 그것을 연구하는 과학자들의 신실함을 믿기 때문이다. 물론 현대 과학이 틀릴 수 있다.

그러나 성경 말씀을 가지고 이 과학을 부인하고 싶지는 않다. 내가 이해하는 성경 말씀은 아마도 지구의 창조 시기를 알려주기보다 저절로 이 세상이 만들어진 것이 아니라 하나님께서 천지를 창조하셨다는 것을 알리고자 한 것이라고 본다. 그러니 6천 년이냐 45억 년이냐는 내게 중요하지 않다.

나는 야곱이 세 나뭇가지 껍질을 가지고 아롱진 양과 염소를 나오게 하였다고 해서 그게 과학적으로 작동하리라고 믿고 그걸 실험하고 싶지는 않다. 그렇다고 성경이 과학적으로 말이 안 되는 것을 기록하였다고 말하고 싶지 않다.

창세기 기자가 흰둥이 양으로부터 아롱진, 점박이 양을 낳게 하는 방법을 알려줄 의도였을까?

깊이 생각해 보면 성경에 기록된 것들의 의도를 파악할 수 있을 것 같다. 물론 이렇게 해도 현대 과학을 생각할 때 잘 이해가 되지 않는 부분도 있다.

그러나 잘 이해가 안 되면 그냥 모른다고 하면 되지 않을까?

왜 억지를 부릴까?

나중에 하나님께 여쭈어보라.

결론

나의 신앙고백

1. 왜 하나님이냐고?

내가 소위 정상이었을 때 하나님을 믿는 것은 상상할 수 없었다. 믿는 게 아니라 사실 하나님과 예수님께 아무런 관심이 없었다. 세속적으로 보면 아무리 생각해 보아도 하나님과 예수님의 살아계심을 알 수 있는 일이 없었다. 오히려 신이, 하나님이 없다고 보기가 더 쉬웠다.

주변에 착한 사람이 고통받는 일이 허다하였고 어린 학생들이 침몰하는 배와 함께 익사하는 너무나 아픈 일이 생기는데 하나님은 어디에 계신가?

악한 이가 더 잘 먹고 더 잘 사는 이 세상을 어떻게 해석할 것인가?

내가 세상의 일로 힘이 들어도 하나님을 찾지 않았고 육신과 마음에 고통받을 때도 그저 술과 담배로 그 고통을 잊어보려고 하였을 뿐이다. 그것도 위로가 되지 않을 때는 그냥 자포자기의 심정으로 그저 내 운명이려니 생각하였다.

　내 큰 조카는 왜 과학자가 그것도 교수가 하나님을 믿는지 의아해한다.

　자연 과학자가 왜 신을 믿느냐고 한다?

　그런데 내가 알고 있는 모든 세상적 지식과 과학적 지식을 가지고 아무리 생각을 해도, 저절로 이 세상이 만들어지고 스스로 존재한다는 것보다 누군가 초월적 존재가 있어 만들고 운영한다고 하는 게 더 합리적이고 현상을 더 잘 설명하는 것 같다. 이제는 오히려 하나님을 생각하니 내 삶과 주변이 훨씬 잘 해석이 된다.

　나는 지금껏 신실한 자매와 형제들처럼 하나님, 예수님에 대한 환상을 보거나 기적을 경험하지도 않았고 또 방언을 체험한 것도 아니다. 그런데도 하나님이 계시다고 믿는다. 아니 믿는다기보다 솔직히 계셔야 한다고 생각한다. 그렇지 않다면 이 세상이 존재할 이유가 없다. 아무 목적도 이유도 없이 이렇게 광대한 우주가, 이렇게 복잡한 자연이, 이렇게 정교한 생명이 있을 수는 없다.

　현재의 과학으로 하나님을 혹은 하나님의 창조를 증명할 수 없다.

　초월적 현상을 어떻게 과학으로 증명을 하겠는가?

　그러니 어리석은 사람처럼 과학에 증명하라고 요구하지 말 것이며 또 과학으로 증명하려고도 하지 말 것이다. 과학은 과학이 해야 할 일이 있으며 믿음은 믿음이 해야 할 영역이 있다. 과학으로 증명되어야 할 일이면 굳이 믿음을 요구하지 않았을 것이다.

　하나님과 성경 말씀은 주후 2,000년을 넘게 교회와 개인의 믿음을 통해 지금도 살아있지만 어떤 과학도 2,000년을 살아남은 사례가 없다.

2. 왜 지질학인가?

나는 개인적으로 지질학을 공부한 것이 참으로 놀랍기도 하고 감사한 일이기도 하다. 언젠가 하나님을 믿고 성경을 진지하게 읽게 될수록 지질학이 그것의 이해에 엄청난 도움이 된다는 것을 알았다. 특히나 구약의 말씀들은 지질학 혹은 지구과학과 관련된 것이 많아 놀라웠다. 물론 성경을 읽을 때는 성령님이 함께 하시어야 제대로 된 이해가 가능하다.

그러나 창세기, 욥기 등 일반 크리스천이 읽으면 매우 어려운 부분에 대해서도 사실 조금은 쉽게 읽히는 것이 나의 전공 덕분이라는 생각을 하였다.

서울대학교 지질과학과에 입학하고 난 후 나는 학부 4년 동안 지구, 달과 우주의 탄생, 지구의 내부구조, 광물의 생성, 암석의 변형, 화석의 생성, 고생물, 석탄과 석유의 생성, 지진의 발생, 지하수의 흐름 등을 배웠다.

학부 1학년 때 배운 수백 쪽에 달하는 검은색의 원서 *Geology*를 지금도 기억한다. 열심히 공부하지 않아서 학점이 좋지는 않았지만. 이후에는 석사와 박사를 하면서도 지질학에 대한 많은 것들을 배웠다.

대학생 때는 미팅이라도 하게 되면 지질학을 전공하는 게 때론 창피하기도 하고 그렇게 인기가 있지도 않았는데 크리스천이 되고 보니 이게 참 쓸모가 많다는 것을 알았다. 남들이 이해하기 어려운 노아 홍수 때의 깊음의 샘이 무엇인지, 소돔과 고모라의 유황과 불을 쉽게 이해하였다.

재미있는 것은 내가 대학교 다닐 때 크리스천이 되었다면 지질학 교수가 되지 못하였을 것이다. 반대로 세상적으로 열심히 공부하여 교수가 되었더니 이제 하나님께서 당신을 믿으라고 하시고 또 나를 어디에 써먹을 모양이시다.

그런데 교회를 다니고 얼마 지나지 않아 이런저런 경로를 통해 지구의 나이가 6천 년이라느니, 그랜드 캐년이 노아 홍수 때 만들어졌다느니, 노아 방주에 공룡이 탔다느니 하는 어이없는 이야기를 접하게 되었다. 가만 보니 과학적 증거는 없어도 저렇게 주장하면 믿음도 참 좋아 보이고 재미도 있고 또 어떤 크리스천들에게 상당히 환영도 받는 것 같다.

그리고 지금의 주류 과학을 받아들이는 듯한 모습을 보이는 크리스천은 타협주의자고 믿음이 약한 자라고 하면서 신랄하게 비판할 수 있어 재미가 있어 보인다. 혹시라도 그런 주장을 하는 사람을 비판하면 순교자연 하는 것도 그럴듯해 보인다.

그런데 암만 보아도 이런 게 과학 같아 보이지는 않는다. 무슨 과학이라고 이름을 붙이기는 하였지만 내 보기엔 그저 그냥 억지 주장으로밖에. 우주, 달, 지구 모두 6천 년이고, 노아 홍수 때 산맥도, 그랜드 캐년도 다 만들어지고 공룡도 노아 방주에 탔고. 나도 이것을 믿고 싶다. 그러면 어려운 지질학 공부도 필요 없고 너무 좋겠다. 이렇게 쉬운 지질학을 뭐 하러 대학, 대학원에서 그렇게 어렵게 배웠는지 나는 스승님들께 좀 따지고 싶다. 그게 맞는다면.

3. 의심하다

여하튼 그럼에도 불구하고 하나님의 존재를 믿는다는 것은 참 어렵다. 사람이 육에 속하므로 눈에 보이지 않고 손으로 만져지지 않는 것을 믿기란 참으로 어렵다.

오죽했으면 제자 '도마' 조차도 예수님께 상처를 만져보지 않고는 믿지 못하겠다고 하였겠는가?

늘 사람은 의심하게 된다. 연인들이 매일 매 순간 사랑을 확인하고 싶어 하듯이. 나는 남들이 기독교를 비판하는 많은 것들을 나름 곱씹어 보게 되었다. 그런 것들에 대하여 내가 이해하는 답을 얻지 못하면 하나님을 믿는 것이 불가능해 보였다.

(1) 왜 히브리인 혹은 이스라엘 신을 우리가 모시나?

이러한 질문을 내가 할 것이라고 미리 예상이라도 한 듯, 바울 사도는 다음과 같이 기록하고 있다.

> 하나님은 다만 유대인의 하나님이시냐 또한 이방인의 하나님은 아니시냐 진실로 이방인의 하나님도 되시느니라 롬 3:29

> 그들이 이 말을 듣고 잠잠하여 하나님께 영광을 돌려 이르되 그러면 하나님께서 이방인에게도 생명 얻는 회개를 주셨도다 하니라 행 11:18

> 내가 복음을 부끄러워하지 아니하노니 이 복음은 모든 믿는 자에게 구원을 주시는 하나님의 능력이 됨이라 먼저는 유대인에게요 그리고 헬라인에게로다 롬 1:16

그러니 우리가 유대인이 아닌 이방인이라고 하여도 구원을 받을 수 있으며 믿기만 하면 되는 것이다.

도마뱀 도마뱀과 소금쟁이도 쉽사리 물 위를 걷는다. 그런데 예수님께서 못하시겠는가? 창조주께서. <사진: 구글>

(2) 예수님이 물 위를 걸었다는데 어떻게 사람이 물 위를 걷나?
　　이게 말이 되나?

　그러게 말이 안 되네 어떻게 사람이 물 위를 걷겠어. 그건 우리가 알고 있는 과학 법칙에도 어긋나는 일이야. 사실 믿지 않는 사람들이 내놓는 비웃음 중의 하나가 바로 마태복음 14장에 기록된 예수님이 바다 위로 걸어오심이 아닐까 싶다. 그렇다.

　나는 그 비웃음의 말속에 답이 있음을 깨달았다. 예수님은 사람이 아니므로 물 위를 걷는 게 가능하였다.

　　　　나와 아버지는 하나이니라 요 10:30

　　　　이는 진실로 하나님의 아들이었도다 하더라 마 27:54

> 예수께서 이르시되 내가 그니라 인자가 권능자의 우편에 앉은 것과
> 막 14:62

예수님은 사람의 몸으로 오신 하나님의 아들, 하나님 자신이시라고. 그러므로 사람이면서 사람이 아니다. 창조주시다. 이 세상 만물과 그 지배법칙을 만든 창조주가 물 위를 걷고, 오병이어의 기적을 행하고 부활하시는 것은 어렵지 않다. 대단치 않은 사람도 자신이 만든 규칙을 쉽사리 바꿀 수 있다. 내 연구실의 생활규칙은 내가 마음대로 바꾼다. 내가 만들었으므로.

자연법칙을 누가 만들었나?

하나님께서 만들었으니 그것을 수정하거나 뛰어넘기는 너무 쉽다.

예수님이 물 위를 건너다가 사람처럼 빠지면 그런 능력 없는 분을 어떻게 우리가 믿겠는가?

예수님이 그 정도는 쉽사리 하는 분이기에 우리는 믿는다. 대단한 분이어서 믿는다.

물에 빠지는 시시한 신을 믿겠는가?

우리 하나님은, 예수님은 그 어떤 신도 하지 못한 일 즉 천지를 창조하시고 또 부활하셨다.

(3) 왜 악인을 내버려두시나?

하나님이 계시면 왜 지금 악인을 보고만 계시나?

무고한 사람들을 죽이는 흉악범들을 보면서 분노하기도 한다.

어떻게 하나님께서 이런 인간을 내버려 두시나?

악인이 성하고 잘 먹고 잘사는 것을 보면 정말 화가 난다.

왜 당장 심판하지 않으실까?

마태복음 13: 29~30에 이렇게 기록하고 있다.

> 주인이 이르되 가만두라 가라지를 뽑다가 곡식까지 뽑을까 염려하노라 둘 다 추수 때까지 함께 자라게 두라 추수 때에 내가 추수꾼들에게 말하기를 가라지는 먼저 거두어 불사르게 단으로 묶고 곡식은 모아 내 곳간에 놓으라 하리라 마 13:29~30

지금은 악인이 무탈하게 악한 미소를 짓고 있지만, 주님이 오시는 그날에 반드시 그 악행에 대하여 심판을 받을 것이다. 어떤 이는 죽으면 끝이라고 한다. 그러나 성경은 한번 죽는 것은 정한 것이요 이후 반드시 심판이 있다고 말하고 있다.

(4) 아픈 사람이, 마음 약한 사람이 하나님을 믿는다?

그렇다. 마음이 약한 사람이 하나님을 믿는 것이 사실이다. 나도 아프기 전에는 하나님을 믿지 않았다. 내가 아프고 내가 할 수 있는 게 별로 없다는 것을 인정하고 나서야 믿게 되었다.

건강하고 예쁘고 잘 나가고 성공한 이런 사람이 믿기는 참으로 힘들다. 교만하고 자신이 뭐를 다 할 수 있다고 생각하기 때문이다. 그러나 아프고 고통받고 힘든 사람은 어쩌면 감사해야 할지도 모른다. 하나님의 은혜를 받을 축복일지 모른다.

> 예수께서 들으시고 그들에게 이르시되 건강한 자에게는 의사가 쓸 데 없고 병든 자에게라야 쓸 데 있느니라 막 2:17

> 심령이 가난한 자는 복이 있나니 천국이 그들의 것임이요 애통하

는 자는 복이 있나니 그들이 위로를 받을 것임이요 **마 5:3~4**

우리가 일부러 고통을 받으려고 할 필요는 없다. 그러나 혹시 나에게 힘든 일이 있거든 하나님께서 축복하시기 위해 그런 게 아닌가 생각해 볼 일이다.

"예, 저는 육신과 마음이 약합니다. 그래서 믿습니다. 마음이 약하여 얼마나 다행인지요. 그렇지 않았으면 예수님, 하나님을 믿지 않았을 테니까요."

(5) 난 좀 착한데?

난 사실 좀 착한데 괜히 나보고 죄인이라고 자기 맘대로 죽고는 나보고 구원받으라고 난리다?

친구들한테도 친절하고 기부금도 적지 않게 내고 자원봉사도 자주 하고 그런데 왜 나보고 죄인이라고 하나?

로마서 3:10~11에 이렇게 말하고 있다

기록된바 의인은 없나니 하나도 없으며 깨닫는 자도 없고 하나님을 찾는 자도 없고 **롬 3:10~11**

여러분은 정말로 착하십니까?

"저는 무수히 자주 술에 취하였고, 동료와 친구들을 시기 질투하였고, 아내를 마음으로 이해하지 못하였고, 제대로 사랑하지 못하였고, 자주 화를 내었고, 지나가는 예쁜이를 눈에 품기도 하였고, 남의 애쓴 작품을 공짜로 다운로드하였고, 학생에게 가슴 아픈 말과 행동을 수없이 하였고, 다른 참담한 죄들도 셀 수 없이 많이 저질렀습니다.

그러니 죄인이 확실합니다."

(6) 보이지도 않는 하나님?

나보고 보이지도 않는 하나님을 믿으라고?

말도 안 되는 소리. 어떤 이는 자신의 눈으로 보지 않는 것은 절대로 믿을 수 없다고 한다.

정말 그런가?

우리의 눈에 보이지 않는 것은 없는 것이며 믿을 수 없는 것인가?

> 악인은 그의 교만한 얼굴로 말하기를 여호와께서 이를 감찰하지 아니하신다 하며 그의 모든 사상에 하나님이 없다 하나이다 시 10:4

> 어리석은 자는 그의 마음에 이르기를 하나님이 없다 하는도다 그들은 부패하고 그 행실이 가증하니 선을 행하는 자가 없도다 시 14:1

> 어리석은 자는 그의 마음에 이르기를 하나님이 없다 하도다 그들은 부패하며 가증한 악을 행함이여 선을 행하는 자가 없도다 시 53:1

성경은 하나님이 없다고 하는 사람을 가장 어리석은 자라고 말하고 있다. 우리는 하나님이 육이 아닌 영이심을 잘 안다(요 4:24). 그러므로 눈으로 볼 수 없다. 지금까지 아무도 하나님을 보지 못 하였지만 하나님이 계심을 우리는 안다. 요한복음 20:29에서 의심하는 도마에게 말씀하셨다.

> 예수께서 이르시되 너는 나를 본 고로 믿느냐 보지 못하고 믿는 자들은 복되도다 하시니라 요 20:29

정말로 안 보이면 없는 것인가?
그럼 명왕성은?
안드로메다 은하는?
이들은 우리 눈으로 볼 수 없어도 실제로 존재한다.
양심은?
도대체 양심은 어디에 있는 것인가?
머릿속에, 가슴속에?
위치를 정하지 못하여도 우리는 양심이 있음을 안다.
사랑은?
사랑은 어디에 있는 것인가?
연인을 사랑한다는 것을 우리는 믿지만 보여 달라고 하면 보여줄 수 없다. 보지 못하여도 사랑하는 것을 믿는다.
그럼 자신이 이해하지 못하면 못 믿을 것인가?
없는 것인가?
그럼 초등학교 학생에게 미적분은 어떠한가?
기하학은?
이들 모두 없는 것인가?
실체가 아닌가?
눈에 보이지 않아도 존재하는 것은 너무도 많다. 바람도, 공기도, 전파도.
하나님은 어디에나 계시는 무소 부재하신 분이다.

> 여호와가 말하노라 나는 천지에 충만하지 아니하냐 렘 23:24

성경은 말씀한다.

> 창세로부터 그의 보이지 아니하는 것들 곧 그의 영원하신 능력과 신성이 그가 만드신 만물에 분명히 보여 알려지나니 그러므로 그들이 핑계하지 못할지니라 롬 1:20

> 믿음으로 모든 세계가 하나님의 말씀으로 지어진 줄을 우리가 아나니 보이는 것은 나타난 것으로 말미암아 된 것이 아니니라 히 11:3

그렇다. 눈에 보이는 것은 눈에 보이는 것으로 만들어진 것이 아니다. 스스로 숨어 보이지 않는 하나님께서 이 모든 세상을 만드신 것이다.

> 진실로 주는 스스로 숨어 계시는 하나님이시니이다 사 45:15

(7) 하나님이 이 세상을 만들었다면 그 하나님은 누가 만들었나?

하나님이 온 우주를 만들고 지구도 만들고 사람도 만들었다고 하면 안 믿는 사람들은 냉소적으로 이렇게 말한다. 도대체 그 하나님은 누가 만들었냐고. 그런데 이건 안 믿는 사람들이 우리 하나님에 대하여 잘 몰라서 하는 얘기다. 하나님은 아브라함이 이스라엘 민족을 출애굽 시킬 것을 명하시면서 자신을 일컬어 "스스로 있는자"(I am who I am)라고 하셨다(출 3:14).

우주를 포함한 모든 피조물은 인과관계가 있어야 존재하지만 유일하게 하나님은 그 인과관계를 초월하여 존재하시는 분이다. 스스로 제1 원인이 되셔서 만물을 창조하셨다. 하나님은 누가 만들 필요가 없다. 스스로 계신 분이다. 창세 전에 무엇이 있었냐고. 오직 하나님만 계셨다.

(8) 오직 예수?

아니 부처, 공자, 교황, 마리아, 알라도 있는데 꼭 예수를 믿으라고 하나?

세상에 무수히 많은 신과 성인이 있는데 그들을 다 제쳐두고 꼭 예수를 믿으라고 한다.

왜인가?

그런데 성경이 말씀하신다. 오직 예수라고. 요한복음 14:6에 "예수께서 이르시되 내가 곧 길이요 진리요 생명이니 나로 말미암지 않고는 아버지께로 올 자가 없느니라"고 기록하고 있다. 또 사도행전 4:12에 "다른 이로써는 구원을 받을 수 없나니 천하 사람 중에 구원을 받을 만한 다른 이름을 우리에게 주신 일이 없음이라 하였더라"고 기록하고 있다. 정말로 신기한 것은 내가 궁금해하는 혹은 의심하는 모든 것이 성경에 기록되어 있다는 것이다. 그러니 내가 하나님이 계심을 부인할 수가 없다.

우리나라 사람 중에 부처를 믿는 사람들이 꽤 있다. 사실 불교는 믿기 참 편하다. 예수님을 믿으면 주일마다 교회 가서 예배도 드려야 하고 또 하지 말아야 할 일도 꽤 많다. 그런데 절에는 내가 가고 싶을 때 마음이 힘들 때 가끔 가면 된다. 평소 안 가다가도 부처님 오신 날이나 애들 대학입학 시험이 가까우면 가면 된다. 별로 요구하는 것도 없다. 생각해 보면 부처는 별 능력자가 아니다.

우리 하나님과 달리 이 우주나 지구, 생명을 창조했다거나 죽었다가 부활했다거나 하는 얘기를 하지 않는다. 이런 무능력한 죽은 신이 무엇을 해줄 거로 생각하는 것은 넌센스다. 사실 부처는 신이 아니다. 죽은 사람일 뿐이다. 예수님과는 완전히 구별된다.

어떤 사람에게 태양 없이 우리가 살 수 있냐고 물으면 불가능하다고 답한다. 틀렸다. 태양도 피조물이므로 없어도 상관없다. 오로지 하나님만, 예수님만 계시면 우리는 살 수 있다. 태양이 없으면 다른 무언가를 만들어주실 것이기 때문이다.

4. 질서로 가득 찬 우주

내가 하나님을 믿게 된 가장 중요한 이유 중 하나가 내 주변, 지구 그리고 이 우주에 가득찬 질서이다. 만약 어떤 사람이 말하는 것처럼 이 세상 모든 것이 저절로 이유도 없이 만들어진 것이라면 질서를 갖추어야 할 이유가 하나도 없다. 뒤죽박죽 엉망진창인 것이 더 자연스럽다. 이미 우리는 삶 속에서 경험하다시피 그대로 내버려 두면 오로지 무질서이지 질서가 생기지 않는다. 저절로 질서가 생기는 일은 없다. 가만히 놓아두었는데 어질러 놓았던 쓰레기가 청소되어 있고 어지럽힌 집안이 정리되는 일은 없다.

그런데 세상은 온통 질서로 가득 차 있다. 코스모스라는 우주를 말하는 용어도 질서를 의미한다. 그 어떤 생명체 그 어떤 자연 물질을 보아도 말 그대로 질서다.

지구와 태양, 태양계의 모든 행성과 위성의 질서 있는 운동, 우주의 질서정연함. 그 속에 들어있는 너무나 간단한 질서의 법칙들. 지구에,

태양계에 적용되는 간단한 중력의 법칙이 어떻게 무한히 먼 저 우주에도 적용이 되는 것일까?

도저히 아무리 생각을 해보아도 이 모든 질서가 누가 만들지도 않았는데 저절로 생긴다는 것을 믿기 어렵다. 과학자로서 아니 그냥 생각하는 인간으로서 신이 존재해야 한다. 하나님이 존재하지 않으면 이 세상도 없어야 한다.

흥미로운 것은 엄청나게 큰 광대한 우주와 그 속의 질서가 있듯이 아주 작은 정말로 작은 무한소가 있고 그 속에도 엄청난 질서가 있다는 사실이다. 사람이 만든 것은 그냥 맨눈으로 보면 아주 매끈하고 질서정연해 보이지만 가까이 가서 현미경으로 들여다보면 울퉁불퉁 엉망이다. 그러나 자연의 모든 물질은 확대하고, 확대하고 또 확대하여 들여다볼수록 너무나 정교하고 질서정연함을 알 수 있다.

전문학자가 멀리 보면 볼수록 우주의 광대함에 할 말을 잃는다고 하는데 미세물질을 연구하는 물리학자들도 물질 속에 끊임없이 더 작은 것을 발견하고는 멘붕이 된다고 한다. 전에는 분자가 제일 작은 줄 알았는데 그 속에 원자, 그 속에 핵, 쿼크, 프리온 도대체 물질의 끝이 어디인지 알 수 없다. 그런 작은 것들이 엄청난 법칙과 질서 속에 존재한다.

인간이 도저히 상상할 수 없이 작은 것부터 어마어마하게 큰 것에 이르기까지 질서가 있다. 이게 자연적으로 되었다고. 하나님이 없으면 이런 일은 없다.

5. 존재론

철학자 데카르트는 "나는 생각한다. 고로 나는 존재한다"라고 존재와 인식에 대한 철학적 관점을 제시하였다. 이런 관점에서 우리는 인간, 주변 생명, 그리고 지구, 더 나아가 우주가 존재한다는 것을 인식한다. 그렇다면 과학적 인과율의 관점에서 보면 우리가, 우주가 존재한다면 그것의 원인이 있어야 한다. 다시 말해 무엇이 있으려면 그것의 원인이 되는 그 무언가가 반드시 있어야 한다. 자연은 그 원인이 될 수 없다.

왜냐하면, 자연적으로 무에서 무언가가 생기는 것은 가장 근본적인 물리법칙(질량보존 혹은 에너지보존법칙)을 위반하기 때문이다.

사람의 지혜가 아무리 뛰어나다고 하여도 무에서 유를 창조할 수는 없다. 우리가 세상 최초로 무언가를 만들었다고 하여도 그건 유에서 유를 창조한 것이다. 철, 알루미늄 등의 금속물질과 다양한 화학물질 그리고 연료가 되는 석유가 있어야 움직이는 자동차를 만들 수 있다. 세상에 그 어떤 것도 무에서 유가 창조되는 일은 없다.

그런데 주변의 이 복잡한 생명, 지구와 우주가 저절로 존재하게 되는 일은 없다. 반드시 그것을 초월한 존재가 있어야 그것을 존재하게 할 수 있다. 바로 하나님이시다. 그분 외에는 이 엄청난 일을 할 수 있는 존재가 없다.

6. 매일 경험하는 은혜

　예수님을 구주로 영접하고 나서 예배가 없는 월, 화, 목, 금은 나름대로 가정예배를 드린다. 매일 살아있음에 감사드리고 하루의 일을 정리해 본다. 지금까지 살아오면서 죽을 뻔했던 적이 여러 번 있었다. 어릴 때 고향 바다에서 수영하다 해파리에 쏘여 기절했던 적도 있고, 어른이 되어 술취해 길거리에 차바퀴 아래 쓰려져 잤던 기억, 뉴멕시코 사막 한가운데서 펑크가 나서 차가 전복될 뻔했던 사건, 어떤 이들은 이런 일들로 인해 안타깝게 목숨을 잃기도 한다.
　그러나 이런 일에도 불구하고 태초 전부터 택정하여 구원하신 우리 주님께서는 나를 살려두셨다. 그리고 믿게 하셨다. 전적으로 아버지의 은혜다. 그저 먹고 싸고 울고 웃다가 죽을 인생에게 삶이 무엇인지 깨닫게 하셨다.
　제일 신기하고 감사한 것은 전에는 그냥 우연한 일로 생각한 것을 이제는 하루하루 모든 것을 주님의 역사로 생각하는 것이다. 주위 안 믿는 분들이 안타깝게 바라보신다. 그래 어쩌면 내가 미쳤는지도 모른다. 제정신이 아니다. 그래도 좋다. 예전에는 찬송을 들으면 소름 돋았는데 이제는 연구실에서 온종일 틀어놓고 일을 한다.
　어떤 안 좋은 일이 생겨도 조금은 참고 관조할 힘이 생겼다.
　내가 주님의 뜻을 어떻게 알겠는가?
　잘 되어도 안 되어도 주님의 뜻이겠지. 합력하여 선을 이루시는 주님의 말씀을 믿는다.
　학생들에게 약속하였다. 내 연구실을 천국은 못되어도 적어도 이 세상의 지옥으로 만들지는 않겠다고. 젊은이들은 이 나라를 헬조선이라고 한다. 정말 어른으로서 참으로 민망하고 책임감을 느끼게 하는 말이다. 대학원생에 대한 온갖 갑질이 난무하는 대학원 연구실에서 내가 해줄 수 있는 게 무엇인지 고민해 본다.

> 믿음, 소망, 사랑, 이 세 가지는 항상 있을 것인데 그 중의 제일은 사랑이라 고전 13:13

그렇다. 어떤 경우에도 진정한 사랑이 동반되지 않는 말과 행동은 위선에 불과하다. 이제는 나는 진심으로 학생들의 성공과 행복을 바라게 되었다. 그래서 매일 학생들에게 전도하는 것을 생각한다. 그게 내 기쁨이다.

하루하루 매시간 살아있음이 기적이다.

> 내일 일을 너희가 알지 못하도다. 너희 생명이 무엇이냐 너희는 잠깐 보이다가 없어지는 안개니라 약 4:14

이 순간 하나님께서 영혼을 거두시면 이 세상과는 이별이다. 그러니 나는 매 순간 감사하며 예수님을 닮고자 노력한다. 어차피 우리는 시간만 조금 빠르고 늦을 뿐 결국 시한부 인생이다. 태어나는 그 순간부터 죽음을 향해 달려간다. 멈출 수 없는 기차이다. 세상 허탄한 것에 매달릴 게 아니라 생명이 되신 주 예수님만 바라보아야 한다. 우리가 예수님을 믿게 되었으면 그걸로 성공한 삶이다.

에필로그

2017년 여름에 내가 산 것은 기적이다. 나는 그때 딱 죽을 것으로 생각했다. 마치 유체이탈이라도 하는 듯 나는 내가 아니라는 느낌을 알 수 있었다. 이게 죽는 거구나 하는 생각을 하게 되었다. 어쩌면 그게 인식된다는 게 신기했다. 그러나 지금 2018년 봄에 내가 살아있음을 감사한다.

어떻게 그 긴 터널을 지나왔을까?

지금도 하루하루가 힘들기는 하다. 세상에서 내 임무를 하지 않을 도리가 없고 때로는 힘이 들어도 다른 이에게 티를 낼 수 없다. 세상에서 나에게 기대하는 역할이 있기 때문이다. 그러나 내 내면에서 벌어진 변화에 감사한다. 예수님을 믿지 않았던 불신자에서 이제는 예수님을 믿는 크리스천이 된 것이다. 외면적으로 변한 것은 아무것도 없다. 그저 내면이 변했을 뿐이다.

특별히 둘째 누님께 감사한다. 수십 년을 견디며 하루같이 동생의 믿음을 위해 주님께 기도하였고 2017년의 여름을 견디게 하였다. 주님께서는 누님이 동생의 생명을 살리도록 하셨다. 큰 누님과 막내 누님도 동생의 아픔을 진심으로 함께 해주셨다. 자신의 가족을 돌보기도 힘든 와중에 늘 동생에 대한 걱정으로 눈물을 흘리셨다. 감사하다.

우리 누님들은 동생을 살리기 위해 모든 일을 하셨다.

 2017년의 여름은 그렇게 우리 가족에게 힘든 시간이었다. 어머니는 말씀은 적으셨지만, 아들 때문에 많은 눈물을 흘리셨다. 힘든 삶을 살아온 어머니가 이제는 예수님을 믿고 좀 평안해지셨으면 한다. 요즘은 거의 매일 전화를 하셔서 사랑한다고 말씀하신다. 눈을 감으시면서 예수님을 구주로 받아들이셨다는 아버지도 하나님의 천국에서 평안하시기를 기원한다.

 장모님은 자주 춘천에 오신다. 못난 사위를 위해 언제나 오셔서 집안 정리와 음식을 하고 가신다. 너무 죄송하다. 나이가 드셔서 많이 힘드실 텐데도 사위에 대한 사랑은 언제나 충만하시다. 내가 힘든 시간을 보낼 때도 늘 위로하시고 힘을 주신다. 우리 장인어른도 너무 신사시다. 항상 인자하신 표정과 말씀으로 위로를 주신다. 두 분은 나의 부모님 이상이다. 내 아들인 그분들의 손자에 대한 희생과 헌신을 생각할 때 너무 죄송스럽고 감사하다. 내가 할 수 있는 일은 장인, 장모님을 위하여 기도하고 예수님을 믿게 해달라고 애원하는 것뿐이다.

 사랑하는 아내에게 감사한다. 그녀는 나의 유일한 여자이다. 예수님을 알게 되고 믿으면서 얼마나 많은 후회와 회한이 있었는지 모른다. 제대로 사랑하지 못한 것, 마음 아프게 한 것, 모든 것이 미안하다. 진심으로 마음을 알려고 하지 못하였고, 이기적이었고, 무지하였다. 그 많은 시간을 어떻게 소중하게 생각하지 못하고 너무 당연하게 생각하고 노력하지 않고 살았는지 모른다.

 나에게 사랑을 알게 하였고 지금의 나를 있게 하였다. 자신을 희생하며 나를 공부하게 하였다. 지금 내가 성취한 자그만 세상적 지위와 지식이 있다면 모두 하나님의 은혜이며 또 그녀의 덕분이다. 나는 그녀의 긍정적임, 뛰어남을 항상 존경하였다. 그녀가 시키는 것은 언제나 옳았다. 그렇게 지혜로운 사람이다.

　중학생이 된 아들은 고민이 아주 깊어졌다. 조금씩 자라는 수염을 보자니 정말 많이 컸구나 하는 생각을 한다. 그러나 죽음이 뭔지를 묻는 아들에게 대답하지 못하는 내가 너무나 슬프고 아프게 다가왔다.

　내가 무엇을 답할 수 있겠는가?

　천지를 지으신 하나님, 우리의 죄와 예수님의 구원을 어떻게 설명할 것인가?

　보이지도 않는 것을.

　아들과의 대화를 통해 하나님을 더욱 느낀다.

　또 이 책을 쓰는 소중한 생각들을 많이 얻었다. 하나님께 내가 소중한 자녀이듯이 내 아들은 내게 목숨과도 같은 존재이다. 어느 부모가 나와 다른 생각을 하겠는가. 나도 그렇다. 2014~2015년 안식년 동안 아들과 함께 보낸 시간은 내게 너무나 행복했다. 나는 항상 아들이 자랑스럽고 존재해 줘서 고맙다.

　내 연구실 모든 학생에게 감사한다. 현재 있거나 졸업하여 직장생활하는 모든 내 학생들에게 미안하고 고맙다. 특별히 우현, 상웅이는 나와 이 대학의 모든 생활을 같이하였다. 이들이 없었다면 나는 교수로서 제대로 된 역할을 하기 힘들었을 것이다. 학생, 연구자, 친구, 가족 여러 가지 역할을 다 해주었다.

　우현이는 나의 친구이고 보호자이자 치료자이고 신앙의 선배이다. 지금까지 세속적인 욕심에 매일 매일 연구실을 지옥으로 만들어 왔다. 어제 말하고는 오늘 논문을 가지고 오라고 닦달을 하였다. 왜 이렇게 못하냐고 소리 지르고 모욕하고 폄훼하는 일을 너무 많이 하였다. 마음과 영혼에 상처를 주었다. 모두 회개하고 사과를 한다.

　지면을 빌어 나로 인하여 고통 받은 모든 인연을 맺은 사람들에게 사과하고 또 이에 대해 하나님께 회개한다.

마지막으로 이 책의 초안을 처음부터 끝까지 아주 세심하게 읽고 수정해 주신 은혜비전교회 정해우 안수집사님과 이승은 집사님께 진심으로 감사를 드립니다. 또한, 책 출판에 귀중한 조언을 해주신 『육아편지: 젊은엄마 윤자』의 작가 정윤진님께 감사드린다.

이 책을 하나님께 바친다.

참고문헌

김기석. 『신학자의 과학 산책』. 서울: 새물결플러스, 2018.
김민석. 『창조론 연대기』. 서울: 새물결플러스, 2017.
데보라 하스마, 로렌 하스마. 『오리진』. 서울: IVP, 2012.
도현신. 『르네상스의 어둠』. 서울: 생각비행, 2016.
리사 터커스트. 『나는 매일 거절당한다』. 서울: 넥서스CROSS, 2017.
리처드 도킨스. 『만들어진 신』. 파주: 김영사, 2007.
배용찬. 『태초에 하나님이』. 서울: 예영커뮤니케이션, 2007.
스티븐 호킹. 『위대한 설계』. 서울: 까치, 2010.
안환균. 『하나님은 정말 어디 계시는가』. 서울: 규장, 2018.
알리스터 맥그래스. 『도킨스의 신』. 서울: SFC출판부, 2017.
양승훈. 『대폭발과 우주의 창조』. 서울: SFC출판부, 2016.
우종학. 『무신론 기자, 크리스천 과학자에게 따지다』. IVP, 2016.
_____. 『과학시대의 도전과 기독교의 응답』. 서울: 새물결플러스, 2017.
유발 하라리. 『사피엔스』. 파주: 김영사, 2015.
_____. 『호모 데우스』. 파주: 김영사, 2017.
유석경. 『당신은 하나님을 오해하고 있습니다』. 서울: 규장, 2016.
윤철민. 『개혁신학 vs 창조과학』. 서울: CLC, 2018.
이재만. 『노아 홍수 콘서트』. 서울: 두란노, 2017.
_____. 『창조과학 콘서트』. 서울: 두란노, 2017.

_____.『창조주 하나님: 창세기 1장 vs 진화론』. 서울:두란노, 2017.

_____.『타협의 거센 바람』. 서울:두란노, 2017.

이정모.『바이블 사이언스』. 서울:바다출판사, 2015.

이철환.『예수 믿으면 행복해질까』. 서울:생명의말씀사, 2017.

존 레녹스.『우주 탄생의 비밀: 빅뱅인가 창조인가』. 고양:프리윌, 2013.

찰스 다윈.『종의 기원』. 서울:동서문화사, 2017.

찰스 쉘돈.『예수님이라면 어떻게 하실까』. 서울:도서출판 브니엘, 2016.

칼 세이건.『코스모스』. 서울:사이언스북스, 2004.

한국교회탐구센터.『지질학과 기독교 신앙』. 서울:한국기독학생회출판부, 2018.

Darwin, Charles. M. A. *On the Origin of Species by Means of Natural Selection, or The Preservation of Favoured Races in the Struggle for Life*. D. New York:Appleton and Company, 1861.

Gonzalez, G.& J. W. Richards. *The Privileged Planet*. Washington, D.C.:Regnery, 2015.

Lyell, Charles. *Principles of Geology: Being an Inquiry How Far The Former Changes of The Earth's Surface Are Referable to Causes Now in Operation*. Fourth Edition. London:John Murray, 1835.

창조과학과 세대주의

윤철민 지음 / 신국판 / 320면

『개혁신학 vs. 창조과학』(2013)의 후속작으로, 전작에서 간단하게 언급했던 창조과학과 세대주의의 관계를 집중적으로 조명하고 있다. 저자는 이 책에서 창조과학의 태동과 전개 과정, 그 주창자들과 그들의 주장 등을 과학적이고 신학적 관점에서 바라보면서, 결국 창조과학은 세대주의 종말론과 밀접한 관계가 있음을 말하고 있다.

과학철학

J. P. 모어랜드, W. L. 크레이그 지음 / 김명석 옮김 / 신국판 / 192면

과학의 전제들 가운데는 자연과학만으로는 해결하지 못하는 것들이 많다. 그러므로 여기서 신학의 역할이 필요하다. 본서의 저자들은 신학 사상과 가르침이 과학의 발전에 기여할 수 있다는 관점에서 신학과 과학의 통합 모형을 제시하고자 한다.